METRO CITY

FICHAS

ABSOLUT BEAST…:

NOMBRE VERDADERO…: No revelado, si tiene.

ESTADO CIVIL…: Inaplicable.

SITUACIÓN LEGAL…: Se desconoce su mundo de origen, permanece bajo custodia en una prisión de máxima seguridad en la ciudad de Metro City.

OCUPACIÓN…: Asesino de masas, presunto conquistador.

OTROS ALIAS…: Ninguno.

IDENTIDAD…: Públicamente conocida en la Tierra.

ESPECIE/CLASE…: Alienígena de origen no revelado.

STATUS…: Villano.

FAMILIA CONOCIDA…: Ninguna.

LUGAR DE NACIMIENTO…: No revelado.

1ª APARICIÓN…: METRO CITY: ARCHIVOS SECRETOS.

GRUPO AFILIACIÓN…: Ninguno.

BASE HABITUAL DE OPERACIONES…: Móvil por toda la Galaxia. Metro City.

ALTURA…: 5'00 mts.

PESO…: No revelado.

PELO…: Ninguno.

OJOS…: Amarillos y facetados.

PIEL…: Roja y escamosa.

RASGOS DISTINTIVOS…: Orejas puntiagudas, carece de nariz y posee una especie de antenas que nacen de su entrecejo.

PODERES SOBREHUMANOS CONOCIDOS…: Absolut Beast está dotado de superfuerza suficiente como para lidiar con Ultra Justice y está armado con una cola lo bastante fuerte como para tumbar un edificio de dos plantas de dos trompadas.

ORIGEN DE LOS PODERES…: No revelado, presumiblemente propios de su raza.

AGENTE HARTFORD…:

NOMBRE VERDADERO…: Thomas Hartford.

ESTADO CIVIL…: No revelado.

SITUACIÓN LEGAL…: Ciudadano estadounidense sin antecedentes penales.

OCUPACIÓN…: Agente Especial de la C.I.A. y otras agencias del Gobierno Americano.

OTROS ALIAS…: Ninguno.

IDENTIDAD…: Públicamente conocida.

ESPECIE/CLASE…: Humano.

STATUS…: Aliado, secundario.

FAMILIA CONOCIDA…: Ninguna.

LUGAR DE NACIMIENTO…: No revelado. Presumiblemente dentro del territorio estadounidense.

1ª APARICIÓN…: METRO CITY.

GRUPO AFILIACIÓN…: La C.I.A. y otras agencias del Gobierno Americano.

BASE HABITUAL DE OPERACIONES…: Washington D.C.

ALTURA…: 1'90 mts.

PESO…: 80 kgs.

PELO…: Marrón.

OJOS…: Azules.

PIEL…: Caucásica.

RASGOS DISTINTIVOS…: Varias cicatrices por impactos de bala repartidas por todo el cuerpo.

PODERES SOBREHUMANOS CONOCIDOS…: Ninguno. Es un buen Agente Especial conocido por sus Superiores y compañeros por su gran tesón a la hora de llevar a cabo cualquier misión que se le pueda encomendar. Bueno con los puños y en el uso de armas de fuego.

ORIGEN DE LOS PODERES…: Inaplicable.

ALCALDE CRONWELL…:

NOMBRE VERDADERO…: Louis Cronwell.

ESTADO CIVIL…: No revelado.

SITUACIÓN LEGAL…: Ciudadano estadounidense sin antecedentes penales.

OCUPACIÓN…: Alcalde de Metro City.

OTROS ALIAS…: Ninguno.

IDENTIDAD…: Públicamente conocida.

ESPECIE/CLASE…: Humano.

STATUS…: No definido, secundario.

FAMILIA CONOCIDA…: Ninguna.

LUGAR DE NACIMIENTO…: No revelado. Presumiblemente dentro del territorio estadounidense.

1ª APARICIÓN…: METRO CITY.

GRUPO AFILIACIÓN…: Su partido político.

BASE HABITUAL DE OPERACIONES…: Metro City.

ALTURA…: No revelada.

PESO…: No revelado.

PELO…: Blanco, calvo.

OJOS…: Grises.

PIEL…: Negra.

RASGOS DISTINTIVOS…: Ninguno.

PODERES SOBREHUMANOS CONOCIDOS…: Ninguno, es un buen Alcalde, preocupado por el bien de sus conciudadanos.

ORIGEN DE LOS PODERES…: Inaplicable.

ALCALDESA HELBING…:

NOMBRE VERDADERO…: Sarah Helbing.

ESTADO CIVIL…: No revelado.

SITUACIÓN LEGAL…: Ciudadana estadounidense sin antecedentes penales.

OCUPACIÓN…: Alcaldesa de Metro City.

OTROS ALIAS…: Ninguno.

IDENTIDAD…: Públicamente conocida.

ESPECIE/CLASE…: Humana.

STATUS…: Aliada, secundaria.

FAMILIA CONOCIDA…: Ninguna.

LUGAR DE NACIMIENTO…: No revelado. Presumiblemente dentro del territorio estadounidense.

1ª APARICIÓN…: METRO CITY: AMARGO FUTURO.

GRUPO AFILIACIÓN…: Su partido político.

BASE HABITUAL DE OPERACIONES…: Metro City en el Futuro.

ALTURA…: No revelada.

PESO…: No revelado.

PELO…: Rubio.

OJOS…: Marrones.

PIEL…: Caucásica.

RASGOS DISTINTIVOS…: Ninguno.

PODERES SOBREHUMANOS CONOCIDOS…: Ninguno. Es una buena oradora y tiene las ideas muy claras en asuntos políticos.

ORIGEN DE LOS PODERES…: Inaplicable.

ALLOY…:

NOMBRE VERDADERO…: No revelado.

ESTADO CIVIL…: No revelado.

SITUACIÓN LEGAL…: No revelada.

OCUPACIÓN…: No revelada.

OTROS ALIAS…: Ninguno conocido.

IDENTIDAD…: Desconocida.

ESPECIE/CLASE…: No revelada. Posible mutante o humano mutado.

STATUS…: Secundario.

FAMILIA CONOCIDA…: Un novio de nombre no revelado.

LUGAR DE NACIMIENTO…: No revelado. Presumiblemente dentro del territorio estadounidense.

1ª APARICIÓN…: METRO CITY: AMARGO FUTURO.

GRUPO AFILIACIÓN…: Ninguno.

BASE HABITUAL DE OPERACIONES…: Boston en el Futuro.

ALTURA…: No revelada.

PESO…: No revelado.

PELO…: Ninguno.

OJOS…: Azules sin pupilas.

PIEL…: Metálica de color gris.

RASGOS DISTINTIVOS…: Ninguno.

PODERES SOBREHUMANOS CONOCIDOS…: No revelado. Presumiblemente es capaz de absorber las propiedades de los metales.

ORIGEN DE LOS PODERES…: No revelado.

ANG HAN…:

NOMBRE VERDADERO…: Ang Han.

ESTADO CIVIL…: No revelado.

SITUACIÓN LEGAL…: Ciudadano chino residiendo en los Estados Unidos por motivos laborales.

OCUPACIÓN…: Hipnoterapeuta.

OTROS ALIAS…: Ninguno.

IDENTIDAD…: Públicamente conocida.

ESPECIE/CLASE…: Humano.

STATUS…: No definido, secundario.

FAMILIA CONOCIDA…: Padre de nombre no revelado.

LUGAR DE NACIMIENTO…: China.

1ª APARICIÓN…: METRO CITY.

GRUPO AFILIACIÓN…: Ninguno.

BASE HABITUAL DE OPERACIONES…: Metro City.

ALTURA…: No revelada.

PESO…: No revelado.

PELO…: Negro.

OJOS…: Marrones.

PIEL…: Cetrina.

RASGOS DISTINTIVOS…: Ninguno.

PODERES SOBREHUMANOS CONOCIDOS…: Ninguno. Es muy bueno en su oficio de Hipnoterapeuta.

ORIGEN DE LOS PODERES…: Inaplicable.

ANNE DROID…:

NOMBRE VERDADERO…: Anne Droid.

ESTADO CIVIL…: Inaplicable.

SITUACIÓN LEGAL…: Inaplicable.

OCUPACIÓN…: Rebelde, luchadora por la Libertad. Ex prostituta de lujo.

OTROS ALIAS…: Ninguno.

IDENTIDAD…: Públicamente conocida en su época.

ESPECIE/CLASE…: Androide.

STATUS…: Heroína, aliada.

FAMILIA CONOCIDA…: Ninguna.

LUGAR DE NACIMIENTO…: No revelado.

1ª APARICIÓN…: METRO CITY: ARCHIVOS SECRETOS.

GRUPO AFILIACIÓN…: El Ejército Rebelde del Comandante Cyberius.

BASE HABITUAL DE OPERACIONES…: New York City en el siglo XXV.

ALTURA…: No revelada.

PESO…: No revelado.

PELO…: Ninguno.

OJOS…: Rojos sin pupilas.

PIEL…: Metálica dorada.

RASGOS DISTINTIVOS…: Ninguno.

PODERES SOBREHUMANOS CONOCIDOS…: Como androide, Anne Droid es más fuerte que un humano corriente y es capaz de alzar unas 5 toneladas sin demasiado esfuerzo. En adición a esto, su piel metálica la protege de ataques con armas convencionales.

ORIGEN DE LOS PODERES…: Su naturaleza robótica.

ANTI JUSTICE…:

NOMBRE VERDADERO…: Ninguno.

ESTADO CIVIL…: Inaplicable.

SITUACIÓN LEGAL…: Inaplicable. Fallecido.

OCUPACIÓN…: Falso defensor de la Justicia.

OTROS ALIAS…: Adrian Jones…???

IDENTIDAD…: Secreta.

ESPECIE/CLASE…: Criatura creada en laboratorio.

STATUS…: Villano reconvertido en aliado.

FAMILIA CONOCIDA…: Helmut Kluger, creador.

LUGAR DE NACIMIENTO…: Metro City.

1ª APARICIÓN…: METRO CITY: ARCHIVOS SECRETOS.

GRUPO AFILIACIÓN…: El falso Justice Commando.

BASE HABITUAL DE OPERACIONES…: Metro City en el Pasado.

ALTURA…: 1'90 mts.

PESO…: 100 kgs.

PELO…: Marrón.

OJOS…: Azules.

PIEL…: Caucásica.

RASGOS DISTINTIVOS…: Ninguno.

PODERES SOBREHUMANOS CONOCIDOS…:
Anti Justice poseía fuerza sobrehumana a un nivel
virtualmente incalculable, así como poderes de
vuelo, invulnerabilidad total y la capacidad para
proyectar poderosas ráfagas de energía a través de
su mano derecha.

ORIGEN DE LOS PODERES…: Experimentos
genéticos.

CAUSA DE LA MUERTE…: Fue víctima de una
extraña enfermedad que solo afectaba a los cuatro
clones creados por Helmut Kluger.

BALL HEAD…:

NOMBRE VERDADERO…: Jacob van Roerh.

ESTADO CIVIL…: No revelado.

SITUACIÓN LEGAL…: Ciudadano estadounidense con antecedentes penales.

OCUPACIÓN…: van Roerh…: Ladrón, criminal de poca monta. Ball Head…: Aspirante a conquistador, asesino.

OTROS ALIAS…: Ninguno.

IDENTIDAD…: Secreta.

ESPECIE/CLASE…: Humano poseído por una entidad alienígena.

STATUS…: Villano.

FAMILIA CONOCIDA…: Ninguna.

LUGAR DE NACIMIENTO…: van Roerh…: No revelado, presumiblemente dentro del territorio estadounidense. Ball Head…: El planeta Cheetar.

1ª APARICIÓN…: METRO CITY.

GRUPO AFILIACIÓN…: Ninguno.

BASE HABITUAL DE OPERACIONES…: Metro City.

ALTURA…: 1'70 mts.

PESO…: No revelado.

PELO…: Como van Roerh…: Negro. Como Ball Head…: Ninguno.

OJOS…: Como van Roerh…: Marrones. Como Ball Head…: No tiene.

PIEL…: Negra.

RASGOS DISTINTIVOS…: Como van Roerh…: Ninguno. Como Ball Head…: Su cabeza es una esfera perfecta, pero sin rasgos faciales.

PODERES SOBREHUMANOS CONOCIDOS…: Ball Head posee la capacidad de manipular cierta clase de energía su antojo para muy diversos fines, casi todos destructivos, y también parece ser invulnerable a ataques con armas convencionales.

ORIGEN DE LOS PODERES…: No revelado, presumiblemente propios de su raza.

BARADA…:

NOMBRE VERDADERO…: Barada.

ESTADO CIVIL…: Inaplicable.

SITUACIÓN LEGAL…: Inaplicable.

OCUPACIÓN…: Mensajera de la Destrucción.

OTROS ALIAS…: Ninguno.

IDENTIDAD…: Secreta.

ESPECIE/CLASE…: Alienígena de origen no revelado.

STATUS…: No definido. Posiblemente villana.

FAMILIA CONOCIDA…: Klaatu y Nikto, hermanos.

LUGAR DE NACIMIENTO…: No revelado.

1ª APARICIÓN…: METRO CITY: ARCHIVOS SECRETOS.

GRUPO AFILIACIÓN…: Forma trío con sus dos hermanos.

BASE HABITUAL DE OPERACIONES…: Móvil por todo el Universo.

ALTURA…: No revelada.

PESO…: No revelado.

PELO…: Ninguno.

OJOS…: Blancos sin pupilas.

PIEL…: Pálida.

RASGOS DISTINTIVOS…: Presenta rasgos cadavéricos.

PODERES SOBREHUMANOS CONOCIDOS…: Al igual que sus hermanos, es capaz de manipular la energía a muchos niveles y para muy diversos fines. Así mismo se le presuponen grandes poderes de regeneración y una vida que tal vez se pueda medir en millones de años.

ORIGEN DE LOS PODERES…: No revelado.

BLACK OWL…:

NOMBRE VERDADERO…: No revelado.

ESTADO CIVIL…: No revelado.

SITUACIÓN LEGAL…: Ciudadana estadounidense sin antecedentes penales. Fallecida.

OCUPACIÓN…: Heroína, justiciera.

OTROS ALIAS…: Ninguno.

IDENTIDAD…: Secreta.

ESPECIE/CLASE…: No revelado, posible mutante o humana mutada.

STATUS…: Heroína.

FAMILIA CONOCIDA…: Ninguna.

LUGAR DE NACIMIENTO…: No revelado.

1ª APARICIÓN…: METRO CITY: AMARGO FUTURO.

GRUPO AFILIACIÓN…: Metro Defenders.

BASE HABITUAL DE OPERACIONES…: Metro City en el Futuro.

ALTURA…: No revelada.

PESO…: No revelado.

PELO…: Negro.

OJOS…: Negros.

PIEL…: Caucásica.

RASGOS DISTINTIVOS…: Un par de alas emplumadas de color negro que nacen de su espalda.

PODERES SOBREHUMANOS CONOCIDOS…: Black Owl era capaz de volar a velocidades supersónicas gracias a sus alas, y de teleportarse en distancias cortas.

ORIGEN DE LOS PODERES…: Posible origen místico.

CAUSA DE LA MUERTE…: Falleció combatiendo a los villanos reclutados por el Presidente Dunne.

BLACK SABBATH…:

NOMBRE VERDADERO…: No revelado.

ESTADO CIVIL…: No revelado.

SITUACIÓN LEGAL…: No revelada.

OCUPACIÓN…: Justiciera.

OTROS ALIAS…: Ninguno.

IDENTIDAD…: Secreta.

ESPECIE/CLASE…: Posible humana mutada o mutante.

STATUS…: Heroína.

FAMILIA CONOCIDA…: Ninguna.

LUGAR DE NACIMIENTO…: No revelado. Presumiblemente dentro del territorio estadounidense.

1ª APARICIÓN…: METRO CITY: AMARGO FUTURO.

GRUPO AFILIACIÓN…: Ninguno.

BASE HABITUAL DE OPERACIONES…: Metro City en el Futuro.

ALTURA…: No revelada.

PESO…: No revelado.

PELO…: Marrón rojizo.

OJOS…: Negros.

PIEL…: Negra.

RASGOS DISTINTIVOS…: Ninguno.

PODERES SOBREHUMANOS CONOCIDOS…: Black Sabbath posee un nivel de agilidad sobrehumana y visión nocturna. Es buena luchadora con el bastón de combate.

ORIGEN DE LOS PODERES…: No revelado.

BLACK SWORD…:

NOMBRE VERDADERO…: No revelado.

ESTADO CIVIL…: No revelado.

SITUACIÓN LEGAL…: No revelada. Fallecido.

OCUPACIÓN…: Justiciero enmascarado.

OTROS ALIAS…: Ninguno.

IDENTIDAD…: Secreta.

ESPECIE/CLASE…: Posible humano mutado o mutante.

STATUS…: Héroe aliado.

FAMILIA CONOCIDA…: Ninguna.

LUGAR DE NACIMIENTO…: No revelado.

1ª APARICIÓN…: METRO CITY: ARCHIVOS SECRETOS.

GRUPO AFILIACIÓN…: Aliado ocasional del Justice Commando.

BASE HABITUAL DE OPERACIONES…: Metro City en el Pasado.

ALTURA…: No revelada.

PESO…: No revelado.

PELO…: Rubio.

OJOS…: Azules.

PIEL…: Caucásica.

RASGOS DISTINTIVOS…: Ninguno.

PODERES SOBREHUMANOS CONOCIDOS…: Reflejos sobrehumanos y una destreza endiablada manejando la espada.

ORIGEN DE LOS PODERES…: Objeto de poder.

CAUSA DE LA MUERTE...: Falleció cuando intentaba desactivar un artefacto explosivo.

BLINDING...:

NOMBRE VERDADERO…: No revelado.

ESTADO CIVIL…: No revelado.

SITUACIÓN LEGAL…: No revelada.

OCUPACIÓN…: Justiciero enmascarado.

OTROS ALIAS…: Ninguno.

IDENTIDAD…: Secreta.

ESPECIE/CLASE…: No revelada. Posible humano mutado o mutante.

STATUS…: Héroe aliado.

FAMILIA CONOCIDA…: Ninguna.

LUGAR DE NACIMIENTO…: No revelado.

1ª APARICIÓN…: METRO CITY: AMARGO FUTURO.

GRUPO AFILIACIÓN…: Aliado ocasional de los Metro Defenders.

BASE HABITUAL DE OPERACIONES…: Metro City en el Futuro.

ALTURA…: No revelada.

PESO…: No revelado.

PELO…: Marrón.

OJOS…: Negros.

PIEL…: Caucásica.

RASGOS DISTINTIVOS…: Ninguno.

PODERES SOBREHUMANOS CONOCIDOS…: Blinding es capaz de cegar a sus oponentes con potentes fogonazos de luz.

ORIGEN DE LOS PODERES…: No revelado.

BLOODY MARY…:

NOMBRE VERDADERO…: No revelado, tal vez Mary algo…???

ESTADO CIVIL…: No revelado.

SITUACIÓN LEGAL…: No revelado, fallecida.

OCUPACIÓN…: Justiciera.

OTROS ALIAS…: Ninguno.

IDENTIDAD…: Secreta.

ESPECIE/CLASE…: Vampira humana.

STATUS…: Heroína aliada.

FAMILIA CONOCIDA…: Ninguna.

LUGAR DE NACIMIENTO…: No revelado.

1ª APARICIÓN…: METRO CITY: ARCHIVOS SECRETOS.

GRUPO AFILIACIÓN…: Ninguno, aliada ocasional del Justice Commando y de Metro Defenders.

BASE HABITUAL DE OPERACIONES…: Metro City en el Pasado y en el Futuro.

ALTURA…: No revelada.

PESO…: No revelado.

PELO…: Pelirrojo.

OJOS…: Rojos.

PIEL…: Caucásica pálida.

RASGOS DISTINTIVOS…: Ninguno.

PODERES SOBREHUMANOS CONOCIDOS...: Los propios asociados a los vampiros, entre ellos la capacidad de transformarse en niebla y murciélago. Es además una consumada espadachina.

ORIGEN DE LOS PODERES...: Inherentes a su naturaleza vampírica.

BOMBER BILL...:

NOMBRE VERDADERO...: No revelado, presumiblemente Bill algo...

ESTADO CIVIL...: No revelado.

SITUACIÓN LEGAL...: No revelada.

OCUPACIÓN...: Miembro de la Resistencia contra Techno-Maniac.

OTROS ALIAS...: Ninguno.

IDENTIDAD...: Secreta.

ESPECIE/CLASE...: Cyborg.

STATUS...: Héroe, aliado.

FAMILIA CONOCIDA...: Ninguna.

LUGAR DE NACIMIENTO...: No revelado.

1ª APARICIÓN...: METRO CITY: ARCHIVOS SECRETOS.

GRUPO AFILIACIÓN...: La Resistencia contra Techno-Maniac.

BASE HABITUAL DE OPERACIONES...: La ciudad de New York en el siglo XXV.

ALTURA...: No revelada.

PESO...: No revelado.

PELO...: Ninguno.

OJOS…: Electrónicos, blancos sin pupilas.

PIEL…: Metálica gris.

RASGOS DISTINTIVOS…: Todo su cuerpo es robótico.

PODERES SOBREHUMANOS CONOCIDOS…: Su cuerpo robótico le proporciona un nivel de fuerza sobrehumano no establecido y resistencia superior al daño físico convencional. Experto en bombas y todo tipo de explosivos.

ORIGEN DE LOS PODERES…: Organismo cibernético.

BORIS…:

NOMBRE VERDADERO…: Boris, apellido no revelado.

ESTADO CIVIL…: No revelado.

SITUACIÓN LEGAL…: Ciudadano ruso presumiblemente con antecedentes penales, fallecido.

OCUPACIÓN…: Criminal.

OTROS ALIAS…: Ninguno.

IDENTIDAD…: Secreta.

ESPECIE/CLASE…: Humano mutado.

STATUS…: Villano.

FAMILIA CONOCIDA…: Sergei, hermano gemelo fallecido.

LUGAR DE NACIMIENTO…: No revelado, presumiblemente dentro de territorio ruso.

1ª APARICIÓN…: METRO CITY: ARCHIVOS SECRETOS.

GRUPO AFILIACIÓN…: Formaba trío con su hermano Sergei y la ladrona rusa llamada Nochnoi Bor.

BASE HABITUAL DE OPERACIONES…: Metro

City en el Pasado.

ALTURA…: No revelada.

PESO…: No revelado.

PELO…: Rubio.

OJOS…: Azules.

PIEL…: Caucásica.

RASGOS DISTINTIVOS…: Ninguno.

PODERES SOBREHUMANOS CONOCIDOS…: Boris era un supervelocista lo bastante rápido como para competir con Speed Dagger.

ORIGEN DE LOS PODERES…: Concedidos por Mister Satanus.

CAUSA DE LA MUERTE...: Falleció asesinado por Mister Satanus.

BULL MAN…:

NOMBRE VERDADERO…: No revelado.

ESTADO CIVIL…: No revelado.

SITUACIÓN LEGAL…: No revelada.

OCUPACIÓN…: Vagabundo. Sujeto de pruebas científicas.

OTROS ALIAS…: Ninguno.

IDENTIDAD…: Secreta.

ESPECIE/CLASE…: Humano mutado, híbrido humano animal.

STATUS…: No definido, secundario.

FAMILIA CONOCIDA…: Ninguna.

LUGAR DE NACIMIENTO…: No revelado.

1ª APARICIÓN…: METRO CITY: ARCHIVOS SECRETOS.

GRUPO AFILIACIÓN…: Ninguno.

BASE HABITUAL DE OPERACIONES…: Metro City en el Pasado.

ALTURA…: No revelada.

PESO…: No revelado.

PELO…: En forma humana…: No revelado; tras la operación…: Marrón.

OJOS…: En forma humana…: No revelado; tras la operación…: Marrones.

PIEL…: Caucásica.

RASGOS DISTINTIVOS…: En forma humana…: No revelado; tras la operación…: Tenía cabeza de toro.

PODERES SOBREHUMANOS CONOCIDOS…: Poseía algo más fuerza que un humano normal, aunque no llegaba a límites sobrehumanos.

ORIGEN DE LOS PODERES…: Experimentos clandestinos.

CALAMITY JANE…:

NOMBRE VERDADERO…: No revelado, presumiblemente Jane algo.

ESTADO CIVIL…: No revelado.

SITUACIÓN LEGAL…: No revelada.

OCUPACIÓN…: Ladrona, aventurera.

OTROS ALIAS…: Ninguno.

IDENTIDAD…: Secreta.

ESPECIE/CLASE…: No revelado, posible mutante o humana mutada.

STATUS…: Heroína aliada.

FAMILIA CONOCIDA…: Ninguna.

LUGAR DE NACIMIENTO…: No revelado, presumiblemente dentro del territorio estadounidense.

1ª APARICIÓN…: METRO CITY: AMARGO FUTURO.

GRUPO AFILIACIÓN…: Aliada ocasional de los Metro Defenders.

BASE HABITUAL DE OPERACIONES…: Metro City en el Futuro.

ALTURA…: 1'60 mts.

PESO…: No revelado.

PELO…: Pelirrojo.

OJOS…: Verdes.

PIEL…: Caucásica.

RASGOS DISTINTIVOS…: Ninguno.

PODERES SOBREHUMANOS CONOCIDOS…: Calamity Jane es capaz de provocar desastres naturales y de influir en la suerte de la gente en un radio de varios metros a su alrededor.

ORIGEN DE LOS PODERES…: No revelado.

CAPITÁN RODORH…:

NOMBRE VERDADERO…: Rodorh.

ESTADO CIVIL…: No revelado.

SITUACIÓN LEGAL…: Ciudadano aledariano sin antecedentes penales en su mundo de origen.

OCUPACIÓN…: Capitán del Ejército Aledariano.

OTROS ALIAS…: Ninguno.

IDENTIDAD…: Públicamente conocida en Aledar.

ESPECIE/CLASE…: Alienígena aledariano.

STATUS…: No definido, secundario.

FAMILIA CONOCIDA…: Ninguna.

LUGAR DE NACIMIENTO…: El planeta Aledar.

1ª APARICIÓN…: METRO CITY.

GRUPO AFILIACIÓN…: El Ejército Aledariano.

BASE HABITUAL DE OPERACIONES…: El planeta Aledar.

ALTURA…: 1'90 mts.

PESO…: 70 kgs.

PELO…: Marrón, lo lleva rapado.

OJOS…: Azules.

PIEL…: Caucásica.

RASGOS DISTINTIVOS…: Un par de alas

emplumadas naciendo de su espalda.

PODERES SOBREHUMANOS CONOCIDOS...: Sus alas le permiten volar a considerable velocidad, siendo además un gran estratega militar y combatiente en lucha aérea.

ORIGEN DE LOS PODERES...: Propios de su raza.

CAPTAIN STAR...:

NOMBRE VERDADERO...: Robert Riggins.

ESTADO CIVIL...: No revelado.

SITUACIÓN LEGAL...: Ciudadano estadounidense sin antecedentes penales.

OCUPACIÓN...: Militar, superhéroe.

OTROS ALIAS...: Ninguno.

IDENTIDAD...: Secreta.

ESPECIE/CLASE...: Humano mutado.

STATUS...: Falso héroe reconvertido en aliado.

FAMILIA CONOCIDA...: Ninguna.

LUGAR DE NACIMIENTO...: No revelado. Presumiblemente dentro del territorio estadounidense.

1ª APARICIÓN...: METRO CITY: AMARGO FUTURO.

GRUPO AFILIACIÓN...: En principio trabajaba a las órdenes del Presidente Dunne. Luego se unió a los Metro Defenders.

BASE HABITUAL DE OPERACIONES...: Metro City en el Futuro.

ALTURA...: 1'90 mts.

PESO…: 85 kgs.

PELO…: Marrón.

OJOS…: Azules.

PIEL…: Caucásica.

RASGOS DISTINTIVOS…: Ninguno.

PODERES SOBREHUMANOS CONOCIDOS…: Vuelo, fuerza sobrehumana para alzar unas mil toneladas, invulnerabilidad total a cualquier arma convencional y la capacidad para proyectar energía altamente destructiva a través de su mano derecha.

ORIGEN DE LOS PODERES…: Experimentos llevados a cabo por científicos a las órdenes del Presidente Dunne.

CHERUBIM…:

NOMBRE VERDADERO…: Randah.

ESTADO CIVIL…: Soltera.

SITUACIÓN LEGAL…: Ciudadana aledariana sin antecedentes penales, exiliada en la Tierra.

OCUPACIÓN…: Princesa, guerrera, aventurera.

OTROS ALIAS…: Ninguno.

IDENTIDAD…: Públicamente conocida en Aledar y en la Tierra.

ESPECIE/CLASE…: Alienígena aledariana.

STATUS…: Heroína.

FAMILIA CONOCIDA…: Rey Adarh, padre.

LUGAR DE NACIMIENTO…: El planeta Aledar.

1ª APARICIÓN…: METRO CITY.

GRUPO AFILIACIÓN…: Justice Commando.

BASE HABITUAL DE OPERACIONES…: Metro City en el presente y en el Pasado.

ALTURA…: 1'80 mts.

PESO…: 50 kgs.

PELO…: Rubio.

OJOS…: Azules.

PIEL…: Caucásica.

RASGOS DISTINTIVOS...: Un par de alas emplumadas naciendo de su espalda.

PODERES SOBREHUMANOS CONOCIDOS...: Sus alas le permiten volar a considerable velocidad, siendo además una gran luchadora en combate aéreo o en el manejo de la espada.

ORIGEN DE LOS PODERES...: Propios de su raza.

CINTHIA JONES…:

NOMBRE VERDADERO…: Cinthia Jones.

ESTADO CIVIL…: Casada.

SITUACIÓN LEGAL…: Ciudadana estadounidense sin antecedentes penales, legalmente fallecida.

OCUPACIÓN…: Reportera, ama de casa.

OTROS ALIAS…: Ninguno.

IDENTIDAD…: Públicamente conocida.

ESPECIE/CLASE…: Humana.

STATUS…: Aliada, secundaria.

FAMILIA CONOCIDA…: Adrian, viudo, Kevin, hijo, Ralph y Elizabeth, suegros.

LUGAR DE NACIMIENTO…: Metro City, California.

1ª APARICIÓN…: METRO CITY.

GRUPO AFILIACIÓN…: Ninguno.

BASE HABITUAL DE OPERACIONES…: Metro City.

ALTURA…: 1'70 mts.

PESO…: 56 kgs.

PELO…: Marrón.

OJOS…: Azules.

PIEL…: Caucásica.

RASGOS DISTINTIVOS…: Ninguno.

PODERES SOBREHUMANOS CONOCIDOS…: Ninguno, era una mujer valiente y decidida que adoraba a su familia y apoyaba a su marido en su carrera como superhéroe sin ningún género de duda.

ORIGEN DE LOS PODERES…: Inaplicable.

CAUSA DE LA MUERTE...: Fue asesinada por el psicópata conocido como Dwarf.

CLAIRE VAN WITTEN…:

NOMBRE VERDADERO…: Claire van Witten.

ESTADO CIVIL…: Soltera.

SITUACIÓN LEGAL…: Ciudadana estadounidense sin antecedentes penales.

OCUPACIÓN…: Columnista de Sociedad en un periódico.

OTROS ALIAS…: Ninguno.

IDENTIDAD…: Públicamente conocida.

ESPECIE/CLASE…: Humana.

STATUS…: Aliada.

FAMILIA CONOCIDA…: Kevin, prometido.

LUGAR DE NACIMIENTO…: Metro City, California.

1ª APARICIÓN…: METRO CITY: AMARGO FUTURO.

GRUPO AFILIACIÓN…: Ninguno.

BASE HABITUAL DE OPERACIONES…: Metro City en el Futuro.

ALTURA…: 1'70 mts.

PESO…: 65 kgs.

PELO…: Rubio.

OJOS…: Marrones.

PIEL…: Caucásica.

RASGOS DISTINTIVOS…: Ninguno.

PODERES SOBREHUMANOS CONOCIDOS…: Ninguno. Es una mujer joven y decidida, que no se arredra ante nada.

ORIGEN DE LOS PODERES…: Inaplicable.

COMANDANTE CYBERIUS...:

NOMBRE VERDADERO...: Paul, apellido no revelado.

ESTADO CIVIL...: No revelado.

SITUACIÓN LEGAL...: Ciudadano inglés sin antecedentes penales en su época.

OCUPACIÓN...: Líder de la Resistencia contra Techno-Maniac.

OTROS ALIAS...: Ninguno.

IDENTIDAD...: Públicamente conocida en su época.

ESPECIE/CLASE...: Cyborg.

STATUS...: Aliado, secundario.

FAMILIA CONOCIDA...: Marianne, prometida.

LUGAR DE NACIMIENTO...: No revelado, presumiblemente dentro del territorio británico.

1ª APARICIÓN...: METRO CITY: ARCHIVOS SECRETOS.

GRUPO AFILIACIÓN...: La Resistencia contra Techno-Maniac.

BASE HABITUAL DE OPERACIONES...: La ciudad de New York en el siglo XXV.

ALTURA…: 1'87 mts.

PESO…: 200 kgs.

PELO…: Negro.

OJOS…: Negros.

PIEL…: Caucásica.

RASGOS DISTINTIVOS…: Todo su cuerpo, a excepción de su cabeza y su mano derecha, es robótico.

PODERES SOBREHUMANOS CONOCIDOS…: Su cuerpo robótico le confiere fuerza suficiente para alzar sin esfuerzo unas 10 toneladas y le otorga resistencia superior al daño físico convencional. Estratega militar de nivel superior.

ORIGEN DE LOS PODERES…: Organismo cibernético.

COMANDANTE DEL EJÉRCITO DE LA VICTORIA...:

NOMBRE VERDADERO...: Sellier, nombre de pila no revelado.

ESTADO CIVIL...: No revelado.

SITUACIÓN LEGAL...: Ciudadano francés con antecedentes penales.

OCUPACIÓN...: Terrorista, criminal.

OTROS ALIAS...: Ninguno.

IDENTIDAD...: Públicamente conocida.

ESPECIE/CLASE...: Humano.

STATUS...: Villano.

FAMILIA CONOCIDA...: Ninguna.

LUGAR DE NACIMIENTO...: No revelado. Presumiblemente dentro del territorio francés.

1ª APARICIÓN...: METRO CITY.

GRUPO AFILIACIÓN...: El Ejército de la Victoria.

BASE HABITUAL DE OPERACIONES...: París, Francia.

ALTURA...: 1'90 mts.

PESO...: No revelado.

PELO…: Rubio con sienes blancas.

OJOS…: Marrones.

PIEL…: Caucásica.

RASGOS DISTINTIVOS…: Ninguno.

PODERES SOBREHUMANOS CONOCIDOS…: Ninguno. Entrenamiento militar exhaustivo y grandes dotes de liderazgo.

ORIGEN DE LOS PODERES…: Inaplicable.

COWBOY JACK…:

NOMBRE VERDADERO…: No revelado, tal vez Jack algo…

ESTADO CIVIL…: No revelado.

SITUACIÓN LEGAL…: Ciudadano estadounidense con antecedentes penales.

OCUPACIÓN…: Atracador de bancos.

OTROS ALIAS…: Ninguno.

IDENTIDAD…: Secreta.

ESPECIE/CLASE…: Humano.

STATUS…: Villano.

FAMILIA CONOCIDA…: Ninguna.

LUGAR DE NACIMIENTO…: No revelado.

1ª APARICIÓN…: METRO CITY.

GRUPO AFILIACIÓN…: Formaba pareja con Texas Bill.

BASE HABITUAL DE OPERACIONES…: Metro City.

ALTURA…: 1'80 mts.

PESO…: 79 kgs.

PELO…: Pelirrojo.

OJOS…: Verdes.

PIEL…: Caucásica.

RASGOS DISTINTIVOS…: Ninguno.

PODERES SOBREHUMANOS CONOCIDOS…:
Ninguno. Muy buena puntería con su revólver Colt.

ORIGEN DE LOS PODERES…: Inaplicable.

DANIELLE LOMBART…:

NOMBRE VERDADERO…: Danielle Lombart.

ESTADO CIVIL…: No revelado.

SITUACIÓN LEGAL…: Ciudadana francesa sin antecedentes penales.

OCUPACIÓN…: Representante del Gabinete de Asuntos Metahumanos del Gobierno Francés.

OTROS ALIAS…: Ninguno.

IDENTIDAD…: Públicamente conocida.

ESPECIE/CLASE…: Humana.

STATUS…: Aliada, secundaria.

FAMILIA CONOCIDA…: Ninguna.

LUGAR DE NACIMIENTO…: No revelado. Presumiblemente dentro del territorio francés.

1ª APARICIÓN…: METRO CITY.

GRUPO AFILIACIÓN…: El Gabinete de Asuntos Metahumanos del Gobierno Francés.

BASE HABITUAL DE OPERACIONES…: París, Francia.

ALTURA…: 1'60 mts.

PESO…: 43 kgs.

PELO…: Marrón.

OJOS…: Marrones.

PIEL…: Caucásica.

RASGOS DISTINTIVOS…: Ninguno.

PODERES SOBREHUMANOS CONOCIDOS…: Ninguno. Es una mujer seria y responsable, que se toma muy en serio su trabajo.

ORIGEN DE LOS PODERES…: Inaplicable.

D-GENERATED…:

NOMBRE VERDADERO…: No revelado.

ESTADO CIVIL…: No revelado.

SITUACIÓN LEGAL…: Se desconoce su mundo de origen, con antecedentes penales en nuestro planeta.

OCUPACIÓN…: Asesino, terrorista.

OTROS ALIAS…: Ninguno.

IDENTIDAD…: Públicamente conocida.

ESPECIE/CLASE…: Alienígena de origen no revelado.

STATUS…: Villano.

FAMILIA CONOCIDA…: D-Mentia y D-Saster, hermanos.

LUGAR DE NACIMIENTO…: No revelado.

1ª APARICIÓN…: METRO CITY: AMARGO FUTURO.

GRUPO AFILIACIÓN…: Forma equipo con sus hermanos.

BASE HABITUAL DE OPERACIONES…: Metro City en el Futuro.

ALTURA…: 1'70 mts.

PESO…: No revelado.

PELO…: Verde.

OJOS…: Blancos sin pupilas.

PIEL…: Verde.

RASGOS DISTINTIVOS…: Orejas puntiagudas.

PODERES SOBREHUMANOS CONOCIDOS…: Velocidad, fuerza y resistencia aumentadas.

ORIGEN DE LOS PODERES…: No revelado.

D-MENTIA…:

NOMBRE VERDADERO…: No revelado.

ESTADO CIVIL…: No revelado.

SITUACIÓN LEGAL…: Se desconoce su mundo de origen, con antecedentes penales en nuestro planeta.

OCUPACIÓN…: Asesina, terrorista.

OTROS ALIAS…: Ninguno.

IDENTIDAD…: Públicamente conocida.

ESPECIE/CLASE…: Alienígena de origen no revelado.

STATUS…: Villana.

FAMILIA CONOCIDA…: D-Generated y D-Saster, hermanos.

LUGAR DE NACIMIENTO…: No revelado.

1ª APARICIÓN…: METRO CITY: AMARGO FUTURO.

GRUPO AFILIACIÓN…: Forma equipo con sus hermanos.

BASE HABITUAL DE OPERACIONES…: Metro City en el Futuro.

ALTURA…: 1'50 mts.

PESO…: No revelado.

PELO…: Rojo.

OJOS…: Blancos sin pupilas.

PIEL…: Azul.

RASGOS DISTINTIVOS…: Orejas puntiagudas.

PODERES SOBREHUMANOS CONOCIDOS…:
Velocidad, fuerza y resistencia aumentadas.

ORIGEN DE LOS PODERES…: No revelado.

DOCTOR JAMES LACOE…:

NOMBRE VERDADERO…: James Lacoe.

ESTADO CIVIL…: No revelado.

SITUACIÓN LEGAL…: Ciudadano estadounidense sin antecedentes penales.

OCUPACIÓN…: Médico.

OTROS ALIAS…: Ninguno.

IDENTIDAD…: Públicamente conocida.

ESPECIE/CLASE…: Humano.

STATUS…: Aliado, secundario.

FAMILIA CONOCIDA…: Ninguna.

LUGAR DE NACIMIENTO…: No revelado.

1ª APARICIÓN…: METRO CITY.

GRUPO AFILIACIÓN…: Justice Commando.

BASE HABITUAL DE OPERACIONES…: Metro City.

ALTURA…: 1'75 mts.

PESO…: 70 kgs.

PELO…: Marrón.

OJOS…: Marrones.

PIEL…: Caucásica.

RASGOS DISTINTIVOS…: Ninguno.

PODERES SOBREHUMANOS CONOCIDOS...:
Ninguno, es un buen hombre atento y servicial,
siempre dispuesto a ayudar a los demás.

ORIGEN DE LOS PODERES...: Inaplicable.

DOCTOR LAZARUS…:

NOMBRE VERDADERO…: Delbert Lazarus.

ESTADO CIVIL…: No revelado.

SITUACIÓN LEGAL…: No revelada, fallecido.

OCUPACIÓN…: Científico, experto en genética y en cirugía extrema.

OTROS ALIAS…: Ninguno.

IDENTIDAD…: Secreta.

ESPECIE/CLASE…: Humano.

STATUS…: Villano.

FAMILIA CONOCIDA…: Ninguna.

LUGAR DE NACIMIENTO…: No revelado.

1ª APARICIÓN…: METRO CITY: ARCHIVOS SECRETOS.

GRUPO AFILIACIÓN…: Ninguno.

BASE HABITUAL DE OPERACIONES…: Metro City en el Pasado.

ALTURA…: 1'80 mts.

PESO…: 78 kgs.

PELO…: Marrón con sienes blancas.

OJOS…: Marrones.

PIEL…: Caucásica.

RASGOS DISTINTIVOS…: Ninguno.

PODERES SOBREHUMANOS CONOCIDOS…: Ninguno, era una eminencia en sus dos campos médico-científicos, y fue capaz de crear y dar vida a varias criaturas de aspecto monstruoso, fusionando seres humanos con partes y elementos animales.

ORIGEN DE LOS PODERES…: Inaplicable.

CAUSA DE LA MUERTE...: Fue asesinado por una de sus propias creaciones, un minotauro que le partió el cuello.

DOKTOR MADNESS…:

NOMBRE VERDADERO…: Walters, nombre de pila no revelado.

ESTADO CIVIL…: No revelado.

SITUACIÓN LEGAL…: Ciudadano estadounidense con antecedentes penales, dado por muerto durante años.

OCUPACIÓN…: Científico loco, aspirante a dominador mundial.

OTROS ALIAS…: Ninguno.

IDENTIDAD…: Secreta.

ESPECIE/CLASE…: Humano desquiciado.

STATUS…: Villano.

FAMILIA CONOCIDA…: Ninguna.

LUGAR DE NACIMIENTO…: No revelado. Presumiblemente dentro del territorio estadounidense.

1ª APARICIÓN…: METRO CITY.

GRUPO AFILIACIÓN…: Ninguno.

BASE HABITUAL DE OPERACIONES…: Metro City.

ALTURA…: 1'60 mts.

PESO…: No revelado.

PELO…: Blanco.

OJOS…: Grises.

PIEL…: Blanca.

RASGOS DISTINTIVOS…: Ninguno.

PODERES SOBREHUMANOS CONOCIDOS…: Es inmortal y una eminencia en varios campos de la ciencia, entre ellos la genética avanzada, la bioquímica y la radiología.

ORIGEN DE LOS PODERES…: Accidente de laboratorio.

DOLLAR BILL…:

NOMBRE VERDADERO…: William Nalley.

ESTADO CIVIL…: Viudo.

SITUACIÓN LEGAL…: Ciudadano estadounidense sin antecedentes penales, legalmente fallecido.

OCUPACIÓN…: Profesor de Instituto.

OTROS ALIAS…: Ninguno.

IDENTIDAD…: Secreta.

ESPECIE/CLASE…: Humano.

STATUS…: Héroe.

FAMILIA CONOCIDA…: Una esposa de nombre no revelado, fallecida.

LUGAR DE NACIMIENTO…: No revelado, presumiblemente dentro del territorio de los Estados Unidos.

1ª APARICIÓN…: METRO CITY: AMARGO FUTURO.

GRUPO AFILIACIÓN…: Metro Defenders.

BASE HABITUAL DE OPERACIONES…: Metro City en el Futuro.

ALTURA…: 1'80 mts.

PESO…: 80 kgs.

PELO…: Rubio.

OJOS…: Azules.

PIEL…: Caucásica.

RASGOS DISTINTIVOS…: Ninguno.

PODERES SOBREHUMANOS CONOCIDOS…: Ninguno. Era muy bueno en lucha cuerpo a cuerpo y usando el bastón de combate.

ORIGEN DE LOS PODERES…: Inaplicable.

CAUSA DE LA MUERTE...: Murió asesinado por Master Supremus.

DORMAH LA BRUJA…:

NOMBRE VERDADERO…: Dormah.

ESTADO CIVIL…: No revelado.

SITUACIÓN LEGAL…: Ciudadana del Reino de Randrath sin antecedentes penales, fallecida.

OCUPACIÓN…: Aspirante a conquistadora.

OTROS ALIAS…: Ninguno.

IDENTIDAD…: Públicamente conocida en Randrath.

ESPECIE/CLASE…: Humanoide interdimensional.

STATUS…: Villana.

FAMILIA CONOCIDA…: Yovanna y Thavin, hijos, Cyrus, yerno fallecido.

LUGAR DE NACIMIENTO…: Randrath.

1ª APARICIÓN…: METRO CITY: ARCHIVOS SECRETOS.

GRUPO AFILIACIÓN…: Ninguno.

BASE HABITUAL DE OPERACIONES…: La dimensión microscópica de Randrath.

ALTURA…: No revelada.

PESO…: No revelado.

PELO…: Negro.

OJOS…: Negros.

PIEL…: Pálida.

RASGOS DISTINTIVOS…: Ninguno.

PODERES SOBREHUMANOS CONOCIDOS…: Dormah era una poderosa nigromante y hechicera, capaz entre otras cosas de dominar la mente de los hombres de escasa voluntad.

ORIGEN DE LOS PODERES…: Estudio de Artes Oscuras y Hechicería.

CAUSA DE LA MUERTE…: Fue asesinada por su hombre de confianza, que le atravesó el corazón con una espada.

DOUBLE EDGE…:

NOMBRE VERDADERO…: No revelado.

ESTADO CIVIL…: Soltera.

SITUACIÓN LEGAL…: No revelada.

OCUPACIÓN…: Justiciera, defensora de los débiles.

OTROS ALIAS…: Ninguno.

IDENTIDAD…: Secreta.

ESPECIE/CLASE…: Posible mutante.

STATUS…: Heroína.

FAMILIA CONOCIDA…: Andrea Dunne, pareja sentimental.

LUGAR DE NACIMIENTO…: No revelado.

1ª APARICIÓN…: METRO CITY: AMARGO FUTURO.

GRUPO AFILIACIÓN…: Metro Defenders.

BASE HABITUAL DE OPERACIONES…: Metro City en el Futuro.

ALTURA…: 1'70 mts.

PESO…: 50 kgs.

PELO…: Marrón cobrizo.

OJOS…: Verdes.

PIEL…: Caucásica.

RASGOS DISTINTIVOS…: Ninguno.

PODERES SOBREHUMANOS CONOCIDOS…: Reflejos y velocidad dos veces por encima de la media humana, maestría letal con sus dos espadas.

ORIGEN DE LOS PODERES…: Posible mutación genética.

D-SASTER…:

NOMBRE VERDADERO…: No revelado.

ESTADO CIVIL…: No revelado.

SITUACIÓN LEGAL…: Se desconoce su mundo de origen, con antecedentes penales en nuestro planeta.

OCUPACIÓN…: Asesino, terrorista.

OTROS ALIAS…: Ninguno.

IDENTIDAD…: Públicamente conocida.

ESPECIE/CLASE…: Alienígena de origen no revelado.

STATUS…: Villano.

FAMILIA CONOCIDA…: D-Mentia y D-Generated, hermanos.

LUGAR DE NACIMIENTO…: No revelado.

1ª APARICIÓN…: METRO CITY: AMARGO FUTURO.

GRUPO AFILIACIÓN…: Forma equipo con sus hermanos.

BASE HABITUAL DE OPERACIONES…: Metro City en el Futuro.

ALTURA…: 1'75 mts.

PESO…: No revelado.

PELO…: Fucsia.

OJOS…: Blancos sin pupilas.

PIEL…: Morada.

RASGOS DISTINTIVOS…: Orejas puntiagudas.

PODERES SOBREHUMANOS CONOCIDOS…:
Es capaz de provocar seísmos y otros desastres naturales.

ORIGEN DE LOS PODERES…: No revelado.

DWARF…:

NOMBRE VERDADERO…: No revelado.

ESTADO CIVIL…: No revelado.

SITUACIÓN LEGAL…: Se desconoce su nacionalidad, tiene antecedentes penales en los Estados Unidos.

OCUPACIÓN…: Asesino en serie.

OTROS ALIAS…: Ninguno.

IDENTIDAD…: Secreta.

ESPECIE/CLASE…: Humano desquiciado.

STATUS…: Villano.

FAMILIA CONOCIDA…: Ninguna.

LUGAR DE NACIMIENTO…: No revelado.

1ª APARICIÓN…: METRO CITY.

GRUPO AFILIACIÓN…: Ninguno.

BASE HABITUAL DE OPERACIONES…: Metro City.

ALTURA…: 1'30 mts.

PESO…: 49 kgs.

PELO…: Marrón, calvo.

OJOS…: Marrones.

PIEL…: Caucásica.

RASGOS DISTINTIVOS…: Ninguno.

PODERES SOBREHUMANOS CONOCIDOS…: Ninguno. Es un luchador y asesino cruel y sanguinario a pesar de su corta estatura.

ORIGEN DE LOS PODERES…: Inaplicable.

EL DANDY…:

NOMBRE VERDADERO…: August Bracken.

ESTADO CIVIL…: Soltero.

SITUACIÓN LEGAL…: Ciudadano estadounidense con antecedentes penales.

OCUPACIÓN…: Criminal.

OTROS ALIAS…: Ninguno.

IDENTIDAD…: Públicamente conocida.

ESPECIE/CLASE…: Mutante.

STATUS…: Villano.

FAMILIA CONOCIDA…: Daniela, hermana; padre de nombre no revelado; madre de nombre no revelado, fallecida.

LUGAR DE NACIMIENTO…: No revelado. Presumiblemente dentro del territorio estadounidense.

1ª APARICIÓN…: METRO CITY: AMARGO FUTURO.

GRUPO AFILIACIÓN…: Su propia banda criminal.

BASE HABITUAL DE OPERACIONES…: Metro City en el futuro.

ALTURA…: 1'80 mts.

PESO…: No revelado.

PELO…: Rubio.

OJOS…: Azules.

PIEL…: Caucásica.

RASGOS DISTINTIVOS…: Ninguno.

PODERES SOBREHUMANOS CONOCIDOS…: Los poderes mutantes de Bracken le permiten predecir cualquier ataque o movimiento ofensivo efectuado contra su persona.

ORIGEN DE LOS PODERES…: Mutación genética.

EL DRAGÓN…:

NOMBRE VERDADERO…: Zhao Gan.

ESTADO CIVIL…: No revelado.

SITUACIÓN LEGAL…: Ciudadano chino residiendo en los Estados Unidos por estudios.

OCUPACIÓN…: Estudiante.

OTROS ALIAS…: Ninguno.

IDENTIDAD…: Secreta.

ESPECIE/CLASE…: Humano.

STATUS…: Antihéroe, aliado reticente.

FAMILIA CONOCIDA…: Padres y abuelos de nombres no revelados.

LUGAR DE NACIMIENTO…: Algún lugar innominado de China.

1ª APARICIÓN…: METRO CITY: ARCHIVOS SECRETOS.

GRUPO AFILIACIÓN…: Ninguno.

BASE HABITUAL DE OPERACIONES…: Metro City en el pasado.

ALTURA…: No revelada.

PESO…: No revelado.

PELO…: Negro.

OJOS…: Marrones.

PIEL…: Cetrina.

RASGOS DISTINTIVOS…: Ninguno.

PODERES SOBREHUMANOS CONOCIDOS…: Ninguno, salvo el hecho de ser un artista marcial excepcional.

ORIGEN DE LOS PODERES…: Inaplicable.

ELIZABETH JONES…:

NOMBRE VERDADERO…: Elizabeth Jones.

ESTADO CIVIL…: Casada.

SITUACIÓN LEGAL…: Ciudadana estadounidense sin antecedentes penales.

OCUPACIÓN…: Ama de casa.

OTROS ALIAS…: Ninguno.

IDENTIDAD…: Públicamente conocida.

ESPECIE/CLASE…: Humana.

STATUS…: Aliada, secundaria.

FAMILIA CONOCIDA…: Ralph, marido; Adrian, hijo; Kevin, nieto; Cinthia, nuera fallecida.

LUGAR DE NACIMIENTO…: No revelado, presumiblemente dentro del territorio de los Estados Unidos.

1ª APARICIÓN…: METRO CITY: ARCHIVOS SECRETOS.

GRUPO AFILIACIÓN…: Ninguno.

BASE HABITUAL DE OPERACIONES…: Metro City en el pasado.

ALTURA…: No revelada.

PESO…: No revelado.

PELO…: Marrón.

OJOS…: Azules.

PIEL…: Caucásica.

RASGOS DISTINTIVOS…: Ninguno.

PODERES SOBREHUMANOS CONOCIDOS…: Ninguno. Es una buena esposa y una madre amorosa y paciente.

ORIGEN DE LOS PODERES…: Inaplicable.

ELSA LA CENTAURO…:

NOMBRE VERDADERO…: Elsa, apellido no revelado.

ESTADO CIVIL…: No revelado.

SITUACIÓN LEGAL…: No revelada.

OCUPACIÓN…: Vagabunda. Sujeto de pruebas experimentales.

OTROS ALIAS…: Ninguno.

IDENTIDAD…: Secreta.

ESPECIE/CLASE…: Híbrido humano animal.

STATUS…: No definido, secundaria.

FAMILIA CONOCIDA…: Ninguna.

LUGAR DE NACIMIENTO…: No revelado.

1ª APARICIÓN…: METRO CITY: ARCHIVOS SECRETOS.

GRUPO AFILIACIÓN…: Ninguno.

BASE HABITUAL DE OPERACIONES…: Metro City en el pasado.

ALTURA…: No revelada.

PESO…: No revelado.

PELO…: Marrón.

OJOS…: Marrones.

PIEL…: Caucásica.

RASGOS DISTINTIVOS…: Su cuerpo era de cintura para arriba de mujer y el resto de caballo.

PODERES SOBREHUMANOS CONOCIDOS…: Ninguno.

ORIGEN DE LOS PODERES…: Inaplicable.

ENTRENADOR ANDREWS…:

NOMBRE VERDADERO…: William Andrews.

ESTADO CIVIL…: No revelado.

SITUACIÓN LEGAL…: Ciudadano estadounidense sin antecedentes penales.

OCUPACIÓN…: Entrenador de un equipo de fútbol americano.

OTROS ALIAS…: Ninguno.

IDENTIDAD…: Públicamente conocida.

ESPECIE/CLASE…: Humano.

STATUS…: Aliado, secundario.

FAMILIA CONOCIDA…: Ninguna.

LUGAR DE NACIMIENTO…: No revelado. Presumiblemente dentro del territorio estadounidense.

1ª APARICIÓN…: METRO CITY: ARCHIVOS SECRETOS.

GRUPO AFILIACIÓN…: Ninguno.

BASE HABITUAL DE OPERACIONES…: Metro City en el pasado.

ALTURA…: 1'90 mts.

PESO…: 120 kgs.

PELO…: Blanco, calvo.

OJOS…: Marrones.

PIEL…: Marrón.

RASGOS DISTINTIVOS…: Ninguno.

PODERES SOBREHUMANOS CONOCIDOS…: Ninguno. Es un hombre fuerte y rudo, aunque con un gran corazón, muy estimado por sus pupilos.

ORIGEN DE LOS PODERES…: Inaplicable.

FATA MORGANA…:

NOMBRE VERDADERO…: Fata Morgana.

ESTADO CIVIL…: Casada y viuda varias veces.

SITUACIÓN LEGAL…: Se desconoce su país de origen, con antecedentes penales en el "Reino de la Magia".

OCUPACIÓN…: Nigromante, aspirante a conquistadora mundial.

OTROS ALIAS…: Ninguno.

IDENTIDAD…: Secreta.

ESPECIE/CLASE…: Bruja, maga, hechicera.

STATUS…: Villana.

FAMILIA CONOCIDA…: Ninguna.

LUGAR DE NACIMIENTO…: No revelado.

1ª APARICIÓN…: METRO CITY: AMARGO FUTURO.

GRUPO AFILIACIÓN…: Ninguno.

BASE HABITUAL DE OPERACIONES…: Metro City en el futuro.

ALTURA…: No revelada.

PESO…: No revelado.

PELO…: Violeta.

OJOS…: Blancos sin pupilas.

PIEL…: Caucásica.

RASGOS DISTINTIVOS…: Ninguno.

PODERES SOBREHUMANOS CONOCIDOS…:
Fata Morgana es una poderosa bruja y hechicera,
capaz de realizar complicados conjuros como uno
con poder suficiente como para sumir en la más
completa oscuridad una ciudad tan grande como
Metro City.

ORIGEN DE LOS PODERES…: Estudio de
Hechicería y Artes Arcanas.

FORCE FIELD…:

NOMBRE VERDADERO…: No revelado.

ESTADO CIVIL…: No revelado.

SITUACIÓN LEGAL…: Ciudadano estadounidense sin antecedentes penales.

OCUPACIÓN…: Defensor de la ciudad de New York.

OTROS ALIAS…: Ninguno.

IDENTIDAD…: Secreta.

ESPECIE/CLASE…: Humano mutado.

STATUS…: Héroe, aliado, secundario.

FAMILIA CONOCIDA…: Ninguna.

LUGAR DE NACIMIENTO…: No revelado. Presumiblemente dentro del territorio estadounidense.

1ª APARICIÓN…:

GRUPO AFILIACIÓN…: METRO CITY: ARCHIVOS SECRETOS.

BASE HABITUAL DE OPERACIONES…: La ciudad de New York en el pasado.

ALTURA…: 1'90 mts.

PESO…: 85 kgs.

PELO…: Blanco.

OJOS…: Marrones.

PIEL…: Negra.

RASGOS DISTINTIVOS…: Ninguno.

PODERES SOBREHUMANOS CONOCIDOS…: Force Field es capaz de crear campos de fuerza virtualmente impenetrables por medios humanos convencionales, que lo protegen incluso de impactos de misiles de gran potencia.

ORIGEN DE LOS PODERES…: No revelado.

FORT KNOX…:

NOMBRE VERDADERO…: No revelado.

ESTADO CIVIL…: No revelado.

SITUACIÓN LEGAL…: Ciudadano estadounidense sin antecedentes penales, fallecido.

OCUPACIÓN…: Superhéroe.

OTROS ALIAS…: Ninguno.

IDENTIDAD…: Secreta.

ESPECIE/CLASE…: No revelado. Posible humano mutado o mutante.

STATUS…: Héroe, aliado, secundario.

FAMILIA CONOCIDA…: Ninguna.

LUGAR DE NACIMIENTO…: No revelado. Presumiblemente dentro del territorio estadounidense.

1ª APARICIÓN…: METRO CITY: AMARGO FUTURO.

GRUPO AFILIACIÓN…: Aliado ocasional de los Metro Defenders.

BASE HABITUAL DE OPERACIONES…: Metro City en el futuro.

ALTURA…: 1'85 kgs.

PESO…: No revelado.

PELO…: Ninguno.

OJOS…: Blancos sin pupilas.

PIEL…: Metálica dorada.

RASGOS DISTINTIVOS…: Ninguno.

PODERES SOBREHUMANOS CONOCIDOS…: Fort Knox era lo bastante fuerte como para alzar unas 100 toneladas, y su piel metálica lo protegía de ataques con armas convencionales.

ORIGEN DE LOS PODERES…: No revelado.

CAUSA DE LA MUERTE...: Falleció luchando contra los supervillanos reclutados por el Presidente Dunne.

FREESTAR…:

NOMBRE VERDADERO…: No revelado.

ESTADO CIVIL…: No revelado.

SITUACIÓN LEGAL…: No revelada.

OCUPACIÓN…: Heroína, justiciera. En su identidad civil pertenece a la Alta Sociedad.

OTROS ALIAS…: Ninguno.

IDENTIDAD…: Secreta.

ESPECIE/CLASE…: No revelado, posible mutante o humana mutada.

STATUS…: Heroína, aliada, secundaria.

FAMILIA CONOCIDA…: Ninguna.

LUGAR DE NACIMIENTO…: No revelado.

1ª APARICIÓN…: METRO CITY: AMARGO FUTURO.

GRUPO AFILIACIÓN…: Ninguno.

BASE HABITUAL DE OPERACIONES…: Metro City en el futuro.

ALTURA…: No revelada.

PESO…: No revelado.

PELO…: Rubio.

OJOS…: Azules.

PIEL…: Caucásica.

RASGOS DISTINTIVOS…: Ninguno.

PODERES SOBREHUMANOS CONOCIDOS…: Capaz de absorber energía de las estrellas y de expulsarla luego en forma de poderosas ráfagas de fuerza calorífica y conmocionadora.

ORIGEN DE LOS PODERES…: No revelado.

GIGABOT…:

NOMBRE VERDADERO…: Gigabot.

ESTADO CIVIL…: Inaplicable.

SITUACIÓN LEGAL…: Inaplicable.

OCUPACIÓN…: Destruir y aniquilar todo lo que se le pone por delante.

OTROS ALIAS…: Ninguno.

IDENTIDAD…: Públicamente conocida.

ESPECIE/CLASE…: Alucinación colectiva.

STATUS…: Villano.

FAMILIA CONOCIDA…: Mister Tapps, "creador".

LUGAR DE NACIMIENTO…: Inaplicable.

1ª APARICIÓN…: METRO CITY.

GRUPO AFILIACIÓN…: Ninguno.

BASE HABITUAL DE OPERACIONES…: Metro City.

ALTURA…: 50 mts.

PESO…: Inaplicable.

PELO…: Ninguno.

OJOS…: Grises.

PIEL…: Gis metálica.

RASGOS DISTINTIVOS…: Su cabeza era una gran calavera.

PODERES SOBREHUMANOS CONOCIDOS…: Inaplicable. (Aparentemente poseía fuerza sobrehumana a un nivel capaz de medirse con Ultra Justice).

ORIGEN DE LOS PODERES…: Inaplicable.

HACHISU…:

NOMBRE VERDADERO…: Rumiko Watanabe.

ESTADO CIVIL…: Soltera.

SITUACIÓN LEGAL…: Ciudadana japonesa sin antecedentes penales.

OCUPACIÓN…: Asesina.

OTROS ALIAS…: Morituri.

IDENTIDAD…: Secreta.

ESPECIE/CLASE…: Humana.

STATUS…: Antiheroína, aliada reticente.

FAMILIA CONOCIDA…: Takeo Mishashi, padre biológico fallecido; una madre y abuelo materno de nombres no revelados.

LUGAR DE NACIMIENTO…: Osaka, Japón.

1ª APARICIÓN…: Metro City.

GRUPO AFILIACIÓN…: Ninguno.

BASE HABITUAL DE OPERACIONES…: Móvil por todo el Mundo.

ALTURA…: 1'60 mts.

PESO…: 48 kgs.

PELO…: Negro.

OJOS…: Marrones.

PIEL…: Caucásica pálida.

RASGOS DISTINTIVOS…: Ninguno.

PODERES SOBREHUMANOS CONOCIDOS…: Artista marcial superior, gran dominio en el manejo de la katana.

ORIGEN DE LOS PODERES…: Inaplicable.

HITMAN JACK…:

NOMBRE VERDADERO…: No revelado, presumiblemente Jack algo…

ESTADO CIVIL…: No revelado.

SITUACIÓN LEGAL…: No revelada.

OCUPACIÓN…: Miembro de la Resistencia contra Techno-Maniac.

OTROS ALIAS…: Ninguno.

IDENTIDAD…: Secreta.

ESPECIE/CLASE…: Cyborg.

STATUS…: Héroe, aliado.

FAMILIA CONOCIDA…: Ninguna.

LUGAR DE NACIMIENTO…: No revelado.

1ª APARICIÓN…: METRO CITY: ARCHIVOS SECRETOS.

GRUPO AFILIACIÓN…: La Resistencia contra Techno-Maniac.

BASE HABITUAL DE OPERACIONES…: La ciudad de New York en el siglo XXV.

ALTURA…: No revelada.

PESO…: No revelado.

PELO…: No revelado.

OJOS…: El izquierdo marrón, el derecho biónico.

PIEL…: Caucásica.

RASGOS DISTINTIVOS…: Su ojo derecho es biónico al igual que su mano derecha.

PODERES SOBREHUMANOS CONOCIDOS…: Su ojo electrónico le proporciona un nivel de puntería sobrehumano, y su mano biónica superfuerza suficiente para alzar unos doscientos kilos sin demasiado esfuerzo.

ORIGEN DE LOS PODERES…: Organismo cibernético.

KEVIN JONES…:

NOMBRE VERDADERO…: Kevin Jones.

ESTADO CIVIL…: Soltero.

SITUACIÓN LEGAL…: Ciudadano estadounidense sin antecedentes penales, es un menor.

OCUPACIÓN…: Estudiar y jugar con sus amigos.

OTROS ALIAS…: Ninguno.

IDENTIDAD…: Públicamente conocida.

ESPECIE/CLASE…: Mutante.

STATUS…: Aliado, secundario.

FAMILIA CONOCIDA…: Adrian y Cinthia, padres; Ralph y Elizabeth, abuelos.

LUGAR DE NACIMIENTO…: Metro City, California.

1ª APARICIÓN…: METRO CITY.

GRUPO AFILIACIÓN…: Ninguno.

BASE HABITUAL DE OPERACIONES…: Metro City.

ALTURA…: No revelada.

PESO…: No revelado.

PELO…: Marrón.

OJOS…: Azules.

PIEL…: Caucásica.

RASGOS DISTINTIVOS…: Ninguno.

PODERES SOBREHUMANOS CONOCIDOS…: Ninguno, es un niño muy inteligente y despierto para su edad.

ORIGEN DE LOS PODERES…: Inaplicable.

KLAATU…:

NOMBRE VERDADERO…: Klaatu.

ESTADO CIVIL…: Inaplicable.

SITUACIÓN LEGAL…: Inaplicable.

OCUPACIÓN…: Mensajero de la Destrucción.

OTROS ALIAS…: Ninguno.

IDENTIDAD…: Secreta.

ESPECIE/CLASE…: Alienígena de origen no revelado.

STATUS…: No definido. Posiblemente villano.

FAMILIA CONOCIDA…: Barada y Nikto, hermanos.

LUGAR DE NACIMIENTO…: No revelado.

1ª APARICIÓN…: METRO CITY: ARCHIVOS SECRETOS.

GRUPO AFILIACIÓN…: Forma trío con sus dos hermanos.

BASE HABITUAL DE OPERACIONES…: Móvil por todo el Universo.

ALTURA…: No revelada.

PESO…: No revelado.

PELO…: Ninguno.

OJOS…: Blancos sin pupilas.

PIEL…: Pálida.

RASGOS DISTINTIVOS…: Presenta rasgos cadavéricos.

PODERES SOBREHUMANOS CONOCIDOS…: Al igual que sus hermanos, es capaz de manipular la energía a muchos niveles y para muy diversos fines. Así mismo se le presuponen grandes poderes de regeneración y una vida que tal vez se pueda medir en millones de años.

ORIGEN DE LOS PODERES…: No revelado.

LADY INMORTIA…:

NOMBRE VERDADERO…: No revelado.

ESTADO CIVIL…: No revelado.

SITUACIÓN LEGAL…: No revelada.

OCUPACIÓN…: Médium, consejera espiritual.

OTROS ALIAS…: Ninguno.

IDENTIDAD…: Públicamente conocida.

ESPECIE/CLASE…: Humana mutada.

STATUS…: Aliada, secundaria.

FAMILIA CONOCIDA…: Ninguna.

LUGAR DE NACIMIENTO…: No revelado.

1ª APARICIÓN…: METRO CITY: AMARGO FUTURO.

GRUPO AFILIACIÓN…: Ninguno.

BASE HABITUAL DE OPERACIONES…: Metro City en el futuro.

ALTURA…: No revelada.

PESO…: No revelado.

PELO…: Negro.

OJOS…: Azules.

PIEL…: Pálida.

RASGOS DISTINTIVOS…: Ninguno.

PODERES SOBREHUMANOS CONOCIDOS…:
Lady Inmortia es en apariencia inmortal así como
una poderosa médium y hechicera.

ORIGEN DE LOS PODERES…: Estudios de
Magia y Hechicería de alto nivel.

LADY ZERO…:

NOMBRE VERDADERO…: No revelado.

ESTADO CIVIL…: No revelado.

SITUACIÓN LEGAL…: No revelada.

OCUPACIÓN…: Justiciera y defensora del Barrio Chino de Metro City.

OTROS ALIAS…: Ninguno.

IDENTIDAD…: Secreta.

ESPECIE/CLASE…: Humana.

STATUS…: Heroína, aliada.

FAMILIA CONOCIDA…: Ninguna.

LUGAR DE NACIMIENTO…: No revelado.

1ª APARICIÓN…: METRO CITY: AMARGO FUTURO.

GRUPO AFILIACIÓN…: Metro Defenders.

BASE HABITUAL DE OPERACIONES…: Metro City en el futuro.

ALTURA…: No revelada.

PESO…: No revelado.

PELO…: Negro.

OJOS…: Negros.

PIEL…: Cetrina.

RASGOS DISTINTIVOS…: Ninguno.

PODERES SOBREHUMANOS CONOCIDOS…: Ninguno. Artista marcial suprema, experta en el manejo del bastón de combate.

ORIGEN DE LOS PODERES…: Inaplicable.

LIGHT SABRE…:

NOMBRE VERDADERO…: Susan Osborn.

ESTADO CIVIL…: No revelado.

SITUACIÓN LEGAL…: Ciudadana estadounidense sin antecedentes penales. Fallecida.

OCUPACIÓN…: Superheroína.

OTROS ALIAS…: Ninguno.

IDENTIDAD…: Secreta.

ESPECIE/CLASE…: Humana.

STATUS…: Heroína.

FAMILIA CONOCIDA…: Ninguna.

LUGAR DE NACIMIENTO…: No revelado. Presumiblemente dentro del territorio estadounidense.

1ª APARICIÓN…: METRO CITY.

GRUPO AFILIACIÓN…: Justice Commando.

BASE HABITUAL DE OPERACIONES…: Metro City.

ALTURA…: 1'70 mts.

PESO…: 47 kgs.

PELO…: Marrón.

OJOS…: Marrones.

PIEL…: Negra.

RASGOS DISTINTIVOS…: Ninguno.

PODERES SOBREHUMANOS CONOCIDOS…: Ninguno. Artista marcial consumada y experta en el manejo del sable de luz.

ORIGEN DE LOS PODERES…: Inaplicable.

CAUSA DE LA MUERTE...: Murió en la explosión provocada por el pequeño Nicholas Forbes.

LINDSAY DUNNE…:

NOMBRE VERDADERO…: Lindsay Dunne.

ESTADO CIVIL…: Soltera, es una menor.

SITUACIÓN LEGAL…: Ciudadana estadounidense sin antecedentes penales, es una menor.

OCUPACIÓN…: Estudiar y jugar con sus amigos.

OTROS ALIAS…: Ninguno.

IDENTIDAD…: Públicamente conocida.

ESPECIE/CLASE…: Humana.

STATUS…: No definido, secundaria.

FAMILIA CONOCIDA…: Albert, padre fallecido, Martha, madre; Andrea, hermana.

LUGAR DE NACIMIENTO…: Metro City, California.

1ª APARICIÓN…: METRO CITY: AMARGO FUTURO.

GRUPO AFILIACIÓN…: Ninguno.

BASE HABITUAL DE OPERACIONES…: Metro City en el futuro.

ALTURA…: No revelada.

PESO…: No revelado.

PELO…: Rubio.

OJOS…: Azules.

PIEL…: Caucásica.

RASGOS DISTINTIVOS…: Ninguno.

PODERES SOBREHUMANOS CONOCIDOS…: Ninguno. Es una niña muy inteligente y despierta.

ORIGEN DE LOS PODERES…: Inaplicable.

LORD HORAX...:

NOMBRE VERDADERO...: Horax.

ESTADO CIVIL...: No revelado.

SITUACIÓN LEGAL...: Ciudadano exatroniano sin antecedentes penales.

OCUPACIÓN...: Protector del Universo, aventurero.

OTROS ALIAS...: Ninguno.

IDENTIDAD...: Públicamente conocida en multitud de planetas del Universo.

ESPECIE/CLASE...: Alienígena exatroniano.

STATUS...: Héroe, aliado.

FAMILIA CONOCIDA...: Ninguna.

LUGAR DE NACIMIENTO...: El planeta Exatrón.

1ª APARICIÓN...: METRO CITY: ARCHIVOS SECRETOS.

GRUPO AFILIACIÓN...: Ninguno.

BASE HABITUAL DE OPERACIONES...: Móvil por todo el Universo, Metro City en el pasado.

ALTURA...: 2'00 mts.

PESO...: No revelado.

PELO…: Ninguno.

OJOS…: Negros.

PIEL…: Caucásica.

RASGOS DISTINTIVOS…: Su rostro semeja un cráneo humano.

PODERES SOBREHUMANOS CONOCIDOS…: Lord Horax posee fuerza sobrehumana suficiente como para competir con Ultra Justice, poderes de vuelo a velocidad astronómica, invulnerabilidad casi total y capacidad para proyectar ráfagas de energía de gran poder destructivo a través de sus manos.

ORIGEN DE LOS PODERES…: No revelado.

LORD PSION…:

NOMBRE VERDADERO…: Aaron Pheelman.

ESTADO CIVIL…: No revelado.

SITUACIÓN LEGAL…: Ciudadano estadounidense sin antecedentes penales

OCUPACIÓN…: Contable en una empresa.

OTROS ALIAS…: Ninguno.

IDENTIDAD…: Secreta.

ESPECIE/CLASE…: Humano mutado.

STATUS…: Villano.

FAMILIA CONOCIDA…: Ninguna.

LUGAR DE NACIMIENTO…: No revelado. Presumiblemente dentro del territorio estadounidense.

1ª APARICIÓN…: METRO CITY.

GRUPO AFILIACIÓN…: Ninguno.

BASE HABITUAL DE OPERACIONES…: Metro City.

ALTURA…: No revelada.

PESO…: No revelado.

PELO…: Calvo.

OJOS…: Como Pheelman…: Marrón; como Lord

Psion…: Negros sin pupilas.

PIEL…: Como Pheelman…: Caucásica; como Lord Psion…: Grisácea.

RASGOS DISTINTIVOS…: Ninguno.

PODERES SOBREHUMANOS CONOCIDOS…: Lord Psion posee vastos poderes mentales, entre ellos la telepatía y la telequinesis.

ORIGEN DE LOS PODERES…: No revelado.

MAJOR POWER…:

NOMBRE VERDADERO…: David Parker.

ESTADO CIVIL…: No revelado.

SITUACIÓN LEGAL…: Ciudadano estadounidense sin antecedentes penales.

OCUPACIÓN…: Militar, superhéroe.

OTROS ALIAS…: Ninguno.

IDENTIDAD…: Secreta, solo conocida por algunos miembros del Gobierno estadounidense.

ESPECIE/CLASE…: Humano mutado.

STATUS…: Héroe.

FAMILIA CONOCIDA…: Ninguna.

LUGAR DE NACIMIENTO…: No revelado. Presumiblemente dentro del territorio estadounidense.

1ª APARICIÓN…: METRO CITY.

GRUPO AFILIACIÓN…: Justice Commando.

BASE HABITUAL DE OPERACIONES…: Metro City.

ALTURA…: 1'85 mts.

PESO…: 90 kgs.

PELO…: Marrón.

OJOS…: Azules.

PIEL…: Caucásica.

RASGOS DISTINTIVOS…: Ninguno.

PODERES SOBREHUMANOS CONOCIDOS…: Fuerza e invulnerabilidad sobrehumana a un nivel similar al de Ultra Justice y poderes de vuelo a velocidad supersónica.

ORIGEN DE LOS PODERES…: Experimentos con energías de origen no revelado.

MARIANNE…:

NOMBRE VERDADERO…: Marianne, apellido no revelado.

ESTADO CIVIL…: No revelado.

SITUACIÓN LEGAL…: Ciudadana inglesa sin antecedentes penales en su época.

OCUPACIÓN…: Miembro de la Resistencia contra Techno-Maniac.

OTROS ALIAS…: Ninguno.

IDENTIDAD…: Públicamente conocida en su época.

ESPECIE/CLASE…: Cyborg.

STATUS…: No definido, secundaria.

FAMILIA CONOCIDA…: Paul, prometido.

LUGAR DE NACIMIENTO…: No revelado, presumiblemente dentro del territorio británico.

1ª APARICIÓN…: METRO CITY: ARCHIVOS SECRETOS.

GRUPO AFILIACIÓN…: La Resistencia contra Techno-Maniac.

BASE HABITUAL DE OPERACIONES…: La ciudad de New York en el siglo XXV.

ALTURA…: 1'70 mts.

PESO…: 50 kgs.

PELO…: Rubio.

OJOS…: Uno azul y otro cibernético.

PIEL…: Caucásica.

RASGOS DISTINTIVOS…: Su brazo y su pierna derecha son biónicos, así como el lado derecho de su rostro y su torso.

PODERES SOBREHUMANOS CONOCIDOS…: No ha demostrado ningún poder especial, salvo un valor fuera de toda duda y una fuerte predisposición por ayudar a los que le rodean.

ORIGEN DE LOS PODERES…: Organismo cibernético.

MARTIN…:

NOMBRE VERDADERO…: Martin, apellido no revelado.

ESTADO CIVIL…: No revelado.

SITUACIÓN LEGAL…: Ciudadano estadounidense con antecedentes penales desconocidos.

OCUPACIÓN…: Vagabundo.

OTROS ALIAS…: Ninguno.

IDENTIDAD…: Públicamente conocida.

ESPECIE/CLASE…: Humano.

STATUS…: Aliado, secundario.

FAMILIA CONOCIDA…: Ninguna.

LUGAR DE NACIMIENTO…: No revelado. Presumiblemente dentro del territorio estadounidense.

1ª APARICIÓN…: METRO CITY: ARCHIVOS SECRETOS.

GRUPO AFILIACIÓN…: Ninguno.

BASE HABITUAL DE OPERACIONES…: Metro City, en el pasado.

ALTURA…: 1'30 mts.

PESO…: No revelado.

PELO…: Negro, lo lleva rapado.

OJOS…: Marrones.

PIEL…: Negra.

RASGOS DISTINTIVOS…: Sufre de enanismo.

PODERES SOBREHUMANOS CONOCIDOS…: Ninguno. Es un buen hombre, capaz de cualquier cosa por sus amigos

ORIGEN DE LOS PODERES…: Inaplicable.

MASTER CLONUS…:

NOMBRE VERDADERO…: Helmut Kluger.

ESTADO CIVIL…: No revelado.

SITUACIÓN LEGAL…: Ciudadano alemán con residencia en los Estados Unidos sin antecedentes penales. Fallecido.

OCUPACIÓN…: Científico.

OTROS ALIAS…: Ninguno.

IDENTIDAD…: Secreta.

ESPECIE/CLASE…: Humano.

STATUS…: No definido, secundario.

FAMILIA CONOCIDA…: Se consideraba padre de sus creaciones.

LUGAR DE NACIMIENTO…: No revelado, presumiblemente dentro del territorio alemán.

1ª APARICIÓN…: METRO CITY: ARHIVOS SECRETOS.

GRUPO AFILIACIÓN…: Ninguno.

BASE HABITUAL DE OPERACIONES…: Metro City en el pasado.

ALTURA…: No revelada.

PESO…: No revelado.

PELO…: Rubio.

OJOS…: Azules.

PIEL…: Caucásica.

RASGOS DISTINTIVOS…: Ninguno.

PODERES SOBREHUMANOS CONOCIDOS…: Ninguno. Era una eminencia en el campo de la clonación de seres vivos.

ORIGEN DE LOS PODERES…: Inaplicable.

CAUSA DE LA MUERTE…: Una rara enfermedad degenerativa.

MASTER MORPHEUS…:

NOMBRE VERDADERO…: Tobias Angle.

ESTADO CIVIL…: No revelado.

SITUACIÓN LEGAL…: Ciudadano estadounidense con antecedentes penales.

OCUPACIÓN…: Científico, criminal.

OTROS ALIAS…: Ninguno.

IDENTIDAD…: Secreta, solo conocida por las autoridades.

ESPECIE/CLASE…: Humano.

STATUS…: Villano.

FAMILIA CONOCIDA…: Ninguna.

LUGAR DE NACIMIENTO…: No revelado. Presumiblemente dentro del territorio estadounidense.

1ª APARICIÓN…: METRO CITY.

GRUPO AFILIACIÓN…: Ninguno.

BASE HABITUAL DE OPERACIONES…: Metro City.

ALTURA…: No revelada.

PESO…: No revelado.

PELO…: Negro.

OJOS…: Marrones.

PIEL…: Caucásica.

RASGOS DISTINTIVOS…: Ninguno.

PODERES SOBREHUMANOS CONOCIDOS…: Ninguno. Es una eminencia científica, capaz de crear un emisor de ondas Alfa con poder suficiente para sumir en un profundo sopor una ciudad tan grande como Metro City.

ORIGEN DE LOS PODERES…: Inaplicable.

MASTER STRADIVARIUS…:

NOMBRE VERDADERO…: No revelado.

ESTADO CIVIL…: No revelado.

SITUACIÓN LEGAL…: Se desconoce su nacionalidad de origen, posee antecedentes penales en los Estados Unidos.

OCUPACIÓN…: Criminal.

OTROS ALIAS…: Ninguno.

IDENTIDAD…: Secreta.

ESPECIE/CLASE…: Humano.

STATUS…: Villano.

FAMILIA CONOCIDA…: Ninguna.

LUGAR DE NACIMIENTO…: No revelado.

1ª APARICIÓN…: METRO CITY: ARCHIVOS SECRETOS.

GRUPO AFILIACIÓN…: Ninguno.

BASE HABITUAL DE OPERACIONES…: New York en el pasado.

ALTURA…: 1'80 mts.

PESO…: No revelado.

PELO…: Blanco calvo.

OJOS…: Grises.

PIEL…: Caucásica.

RASGOS DISTINTIVOS…: Ninguno.

PODERES SOBREHUMANOS CONOCIDOS…: Ninguno. Virtuoso del violín, usaba un Stradivarius modificado que le permitía hipnotizar con sus notas a la gente que lo escuchaba.

ORIGEN DE LOS PODERES…: Inaplicable.

MASTER SUPREMUS…:

NOMBRE VERDADERO…: Mathias Shadock.

ESTADO CIVIL…: No revelado.

SITUACIÓN   LEGAL…:   Ciudadano estadounidense con antecedentes penales.

OCUPACIÓN…: Como Shadock…: Científico; como Master Supremus…: Aspirante a conquistador universal.

OTROS ALIAS…: Ninguno.

IDENTIDAD…: Secreta.

ESPECIE/CLASE…: Humano poseído por entidad alienígena.

STATUS…: Villano.

FAMILIA CONOCIDA…: Ninguna

LUGAR DE NACIMIENTO…: Shadock…: Metro City, California; Master Supremus…: Algún planeta desconocido de un universo paralelo.

1ª APARICIÓN…: METRO CITY: AMARGO FUTURO.

GRUPO AFILIACIÓN…: Ninguno.

BASE HABITUAL DE OPERACIONES…: Metro City en el futuro.

ALTURA...: Shadock...: 1'70 mts; Master Supremus...: 1'90 mts.

PESO...: No revelado.

PELO...: Blanco, calvo.

OJOS...: Negros.

PIEL...: Caucásica.

RASGOS DISTINTIVOS...: Ninguno.

PODERES SOBREHUMANOS CONOCIDOS...: Master Supremus es capaz de manipular varios tipos de energía para muy diversos fines, casi todos ellos destructivos, aunque también puede crear barreras de energía que lo protegen de ataques con armas convencionales.

ORIGEN DE LOS PODERES...: No revelado, presumiblemente propios de su raza.

MECHANUS…:

NOMBRE VERDADERO…: Mechanus.

ESTADO CIVIL…: Inaplicable.

SITUACIÓN LEGAL…: Se desconoce su mundo de origen y sus antecedentes penales en otros planetas de la galaxia. Bajo custodia en la Tierra.

OCUPACIÓN…: Aspirante a conquistador galáctico.

OTROS ALIAS…: Ninguno.

IDENTIDAD…: Secreta.

ESPECIE/CLASE…: Androide alienígena.

STATUS…: Villano.

FAMILIA CONOCIDA…: Ninguna.

LUGAR DE NACIMIENTO…: No revelado.

1ª APARICIÓN…: METRO CITY: ARCHIVOS SECRETOS.

GRUPO AFILIACIÓN…: Ninguno.

BASE HABITUAL DE OPERACIONES…: Móvil por todo el Universo, Metro City en el pasado.

ALTURA…: 2'50 mts.

PESO…: No revelado.

PELO…: Ninguno.

OJOS…: Negros sin pupilas.

PIEL…: Metálica gris y negra.

RASGOS DISTINTIVOS…: Es un robot y, salvo los ojos, no posee más rasgos faciales ni orejas.

PODERES SOBREHUMANOS CONOCIDOS…: Mechanus posee fuerza sobrehumana a un nivel no medido, pero suficiente como para enfrentarse a Ultra Justice. Su cuerpo robótico es lo bastante resistente como para soportar el impacto directo de un disparo de bazooka sin sufrir daños.

ORIGEN DE LOS PODERES…: Inherentes a su naturaleza robótica.

MISS ALTMAN…:

NOMBRE VERDADERO…: Patricia Altman.

ESTADO CIVIL…: No revelado.

SITUACIÓN LEGAL…: Ciudadana estadounidense sin antecedentes penales.

OCUPACIÓN…: Secretaria del Presidente Dunne.

OTROS ALIAS…: Ninguno.

IDENTIDAD…: Públicamente conocida.

ESPECIE/CLASE…: Humana.

STATUS…: No definido, secundaria.

FAMILIA CONOCIDA…: Ninguna.

LUGAR DE NACIMIENTO…: No revelado. Presumiblemente dentro del territorio estadounidense.

1ª APARICIÓN…: METRO CITY: AMARGO FUTURO.

GRUPO AFILIACIÓN…: Ninguno.

BASE HABITUAL DE OPERACIONES…: La Casa Blanca. Washington D.C. en el futuro.

ALTURA…: No revelada.

PESO…: No revelado.

PELO…: Marrón.

OJOS…: Azules.

PIEL…: Caucásica.

RASGOS DISTINTIVOS…: Ninguno.

PODERES SOBREHUMANOS CONOCIDOS…: Ninguno. Es una secretaria eficiente y trabajadora, dotada de una paciencia casi infinita para soportar el trato vejatorio al que era sometida por el Presidente Dunne.

ORIGEN DE LOS PODERES…: Inaplicable.

MISS BROOKS…:

NOMBRE VERDADERO…: Brooks, nombre de pila no revelado.

ESTADO CIVIL…: No revelado.

SITUACIÓN LEGAL…: Ciudadana estadounidense sin antecedentes penales.

OCUPACIÓN…: Secretaria del Presidente Techno-Maniac.

OTROS ALIAS…: Ninguno.

IDENTIDAD…: Públicamente conocida.

ESPECIE/CLASE…: Humana Cyborg.

STATUS…: No definido, secundaria.

FAMILIA CONOCIDA…: Ninguna.

LUGAR DE NACIMIENTO…: No revelado. Presumiblemente dentro del territorio estadounidense.

1ª APARICIÓN…: METRO CITY: ARCHIVOS SECRETOS.

GRUPO AFILIACIÓN…: Ninguno.

BASE HABITUAL DE OPERACIONES…: La Casa Blanca. Washington D.C. en el siglo XXV.

ALTURA…: No revelada.

PESO…: No revelado.

PELO…: Rubio.

OJOS…: Marrones.

PIEL…: Caucásica.

RASGOS DISTINTIVOS…: Su mano y su pierna derecha son biónicos.

PODERES SOBREHUMANOS CONOCIDOS…: Ninguno. Es una muy buena secretaria.

ORIGEN DE LOS PODERES…: Inaplicable.

MISS UNIVERSE…:

NOMBRE VERDADERO…: No revelado.

ESTADO CIVIL…: Casada.

SITUACIÓN LEGAL…: Se desconoce su nacionalidad, tenía antecedentes penales en los Estados Unidos, fallecida.

OCUPACIÓN…: Criminal, asesina.

OTROS ALIAS…: Ninguno.

IDENTIDAD…: Secreta.

ESPECIE/CLASE…: No revelado, posible mutante o humana mutada.

STATUS…: Villana.

FAMILIA CONOCIDA…: Mister Universo, viudo.

LUGAR DE NACIMIENTO…: No revelado.

1ª APARICIÓN…: METRO CITY: AMARGO FUTURO.

GRUPO AFILIACIÓN…: Formaba pareja criminal con Mister Universo.

BASE HABITUAL DE OPERACIONES…: Metro City en el futuro.

ALTURA…: No revelada.

PESO…: No revelado.

PELO…: Negro.

OJOS…: Azules.

PIEL…: Caucásica.

RASGOS DISTINTIVOS…: Ninguno.

PODERES SOBREHUMANOS CONOCIDOS…:
Miss Universo poseía fuerza sobrehumana para
alzar unas 100 toneladas sin esfuerzo, reflejos
aumentados y era una letal luchadora en combates
cuerpo a cuerpo.

ORIGEN DE LOS PODERES…: No revelado.

CAUSA DE LA MUERTE...: Murió decapitada
por Double Edge.

MISTER SATANUS…:

NOMBRE VERDADERO…: Satanus.

ESTADO CIVIL…: Inaplicable.

SITUACIÓN LEGAL…: Inaplicable.

OCUPACIÓN…: Corruptor de almas, tentador de pecadores.

OTROS ALIAS…: Ninguno.

IDENTIDAD…: Secreta.

ESPECIE/CLASE…: Demonio de categoría superior.

STATUS…: Villano.

FAMILIA CONOCIDA…: Ninguna.

LUGAR DE NACIMIENTO…: Algún rincón del Averno.

1ª APARICIÓN…: METRO CITY: ARCHIVOS SECRETOS.

GRUPO AFILIACIÓN…: Ninguno.

BASE HABITUAL DE OPERACIONES…: Móvil entre la Tierra y el Infierno en el pasado.

ALTURA…: 2'00 mts.

PESO…: No revelado.

PELO…: Negro.

OJOS…: Rojos.

PIEL…: Caucásica pálida.

RASGOS DISTINTIVOS…: Ninguno.

PODERES SOBREHUMANOS CONOCIDOS…: Satanus posee la capacidad de controlar a aquellas personas de voluntad débil, así como de concederles poderes sobrehumanos.

ORIGEN DE LOS PODERES…: Su naturaleza diabólica.

MISTER TAPPS...:

NOMBRE VERDADERO...: Tapps, nombre de pila no revelado.

ESTADO CIVIL...: No revelado.

SITUACIÓN LEGAL...: Se desconoce su nacionalidad. Tiene antecedentes penales en los Estados Unidos.

OCUPACIÓN...: Criminal.

OTROS ALIAS...: Ninguno.

IDENTIDAD...: Públicamente conocida.

ESPECIE/CLASE...: Humano psíquico.

STATUS...: Villano.

FAMILIA CONOCIDA...: Ninguna.

LUGAR DE NACIMIENTO...: No revelado.

1ª APARICIÓN...: METRO CITY.

GRUPO AFILIACIÓN...: Ninguno.

BASE HABITUAL DE OPERACIONES...: Metro City.

ALTURA...: No revelada.

PESO...: No revelado.

PELO...: Marrón rojizo.

OJOS...: Verdes.

PIEL…: Caucásica.

RASGOS DISTINTIVOS…: Ninguno.

PODERES SOBREHUMANOS CONOCIDOS…: Mister Tapps es un poderoso telépata capaz de imbuir imágenes sumamente realistas en la mente de sus víctimas.

ORIGEN DE LOS PODERES…: No revelado.

MISTER UNIVERSO…:

NOMBRE VERDADERO…: No revelado.

ESTADO CIVIL…: Casado.

SITUACIÓN LEGAL…: Se desconoce su nacionalidad, tenía antecedentes penales en los Estados Unidos.

OCUPACIÓN…: Criminal, asesino.

OTROS ALIAS…: Ninguno.

IDENTIDAD…: Secreta.

ESPECIE/CLASE…: No revelado, posible mutante o humano mutado.

STATUS…: Villano.

FAMILIA CONOCIDA…: Miss Universo, esposa fallecida.

LUGAR DE NACIMIENTO…: No revelado.

1ª APARICIÓN…: METRO CITY: AMARGO FUTURO.

GRUPO AFILIACIÓN…: Formaba pareja criminal con Miss Universo.

BASE HABITUAL DE OPERACIONES…: Metro City en el futuro.

ALTURA…: No revelada.

PESO…: No revelado.

PELO…: Negro.

OJOS…: Azules.

PIEL…: Caucásica.

RASGOS DISTINTIVOS…: Ninguno.

PODERES SOBREHUMANOS CONOCIDOS…: Mister Universo posee fuerza sobrehumana para alzar unas 100 toneladas sin esfuerzo, reflejos aumentados y es un letal luchador en combates cuerpo a cuerpo.

ORIGEN DE LOS PODERES…: No revelado.

MOLECULON…:

NOMBRE VERDADERO…: No revelado.

ESTADO CIVIL…: No revelado.

SITUACIÓN LEGAL…: Se desconoce su nacionalidad y si tiene antecedentes penales en otros países.

OCUPACIÓN…: Asesino, terrorista.

OTROS ALIAS…: Ninguno.

IDENTIDAD…: Secreta.

ESPECIE/CLASE…: No revelado, posible mutante o humano mutado.

STATUS…: Villano.

FAMILIA CONOCIDA…: Ninguna.

LUGAR DE NACIMIENTO…: No revelado.

1ª APARICIÓN…: METRO CITY: AMARGO FUTURO.

GRUPO AFILIACIÓN…: Ninguno, durante un tiempo trabajó a las órdenes del Presidente Dunne.

BASE HABITUAL DE OPERACIONES…: Metro City en el futuro.

ALTURA…: No revelada.

PESO…: No revelado.

PELO…: Negro.

OJOS…: Blancos sin pupilas.

PIEL…: Caucásica.

RASGOS DISTINTIVOS…: Ninguno.

PODERES SOBREHUMANOS CONOCIDOS…: Moleculon es capaz de alterar y manipular la materia inorgánica a nivel molecular.

ORIGEN DE LOS PODERES…: No revelado.

MORITURI…:

NOMBRE VERDADERO…: Rumiko Watanabe.

ESTADO CIVIL…: Soltera.

SITUACIÓN LEGAL…: Ciudadana japonesa sin antecedentes penales.

OCUPACIÓN…: Asesina.

OTROS ALIAS…: Hachisu.

IDENTIDAD…: Secreta.

ESPECIE/CLASE…: Humana.

STATUS…: Antiheroína, aliada reticente.

FAMILIA CONOCIDA…: Takeo Mishashi, padre biológico; una madre y abuelo materno de nombres no revelados.

LUGAR DE NACIMIENTO…: Osaka, Japón.

1ª APARICIÓN…: METRO CITY: AMARGO FUTURO.

GRUPO AFILIACIÓN…: Ninguno.

BASE HABITUAL DE OPERACIONES…: Móvil por todo el Mundo en el futuro.

ALTURA…: 1'60 mts.

PESO…: 48 kgs.

PELO…: Negro.

OJOS…: Marrones.

PIEL…: Caucásica pálida.

RASGOS DISTINTIVOS…: Ninguno.

PODERES SOBREHUMANOS CONOCIDOS…: Artista marcial superior, gran dominio en el manejo de la katana. Poderes de autosanación acelerada.

ORIGEN DE LOS PODERES…: Experiencia traumática cercana a la muerte.

MRS. DUNNE...:

NOMBRE VERDADERO...: Martha Dunne.

ESTADO CIVIL...: Viuda.

SITUACIÓN LEGAL...: Ciudadana estadounidense sin antecedentes penales.

OCUPACIÓN...: 1ª Dama de los Estados Unidos de América.

OTROS ALIAS...: Ninguno.

IDENTIDAD...: Públicamente conocida.

ESPECIE/CLASE...: Humana.

STATUS...: Aliada, secundaria.

FAMILIA CONOCIDA...: Albert, marido fallecido; Andrea y Lindsay, hijas.

LUGAR DE NACIMIENTO...: No revelado. Presumiblemente dentro del territorio estadounidense.

1ª APARICIÓN...: METRO CITY: AMARGO FUTURO.

GRUPO AFILIACIÓN...: Ninguno.

BASE HABITUAL DE OPERACIONES...: La Casa Blanca, Washington D.C. en el futuro.

ALTURA...: No revelada.

PESO…: No revelado.

PELO…: Marrón.

OJOS…: Marrones.

PIEL…: Caucásica.

RASGOS DISTINTIVOS…: Ninguno.

PODERES SOBREHUMANOS CONOCIDOS…: Ninguno, es una mujer de gran corazón y dotada de una paciencia y fortaleza casi infinitas para soportar los desmanes y abusos de su malvado marido.

ORIGEN DE LOS PODERES…: Inaplicable.

NANOMAN…:

NOMBRE VERDADERO…: Cyrus Postlewhite.

ESTADO CIVIL…: Casado según las leyes de la Dimensión Microscópica de Randrath.

SITUACIÓN LEGAL…: Ciudadano estadounidense sin antecedentes penales, legalmente fallecido.

OCUPACIÓN…: Superhéroe, aventurero.

OTROS ALIAS…: Ninguno.

IDENTIDAD…: Secreta.

ESPECIE/CLASE…: Humano mutado.

STATUS…: Héroe.

FAMILIA CONOCIDA…: Yovanna, viuda; Dormah, suegra; Thavin, cuñado.

LUGAR DE NACIMIENTO…: No revelado. Presumiblemente dentro del territorio estadounidense.

1ª APARICIÓN…: Mencionado…: METRO CITY…: En acción…: METRO CITY: ARCHIVOS SECRETOS.

GRUPO AFILIACIÓN…: Justice Commando.

BASE HABITUAL DE OPERACIONES…: Metro

City y la dimensión de Randrath en el pasado.

ALTURA…: 1'80 mts.

PESO…: 79 kgs.

PELO…: Negro.

OJOS…: Marrones.

PIEL…: Negra.

RASGOS DISTINTIVOS…: Ninguno.

PODERES SOBREHUMANOS CONOCIDOS…: Nanoman era capaz de reducir su cuerpo a niveles microscópicos, manteniendo al tiempo intacta toda su fuerza física.

ORIGEN DE LOS PODERES…: Unos guanteletes metálicos de origen no revelado.

CAUSA DE LA MUERTE...: Falleció víctima de un tumor.

NAURA LA DAMA ESTELAR…:

NOMBRE VERDADERO…: Naura.

ESTADO CIVIL…: Inaplicable.

SITUACIÓN LEGAL…: Inaplicable.

OCUPACIÓN…: Proteger todas las estrellas y soles del Universo.

OTROS ALIAS…: Ninguno.

IDENTIDAD…: Secreta.

ESPECIE/CLASE…: Entidad Cósmica.

STATUS…: Aliada.

FAMILIA CONOCIDA…: Ninguna.

LUGAR DE NACIMIENTO…: No revelado.

1ª APARICIÓN…: METRO CITY: ARCHIVOS SECRETOS.

GRUPO AFILIACIÓN…: Ninguno.

BASE HABITUAL DE OPERACIONES…: Móvil por todo el Universo.

ALTURA…: Variable.

PESO…: Variable.

PELO…: Rubio.

OJOS…: Pupilas e iris blanco con esclerótica negra.

PIEL…: Azul.

RASGOS DISTINTIVOS…: Carece de apéndice nasal

PODERES SOBREHUMANOS CONOCIDOS…: Naura es inmensamente poderosa y entre sus poderes se cuenta la capacidad de dotar de habilidades sobrehumanas a seres inferiores y de manipular la energía de las estrellas para muy diversos fines.

ORIGEN DE LOS PODERES…: Inherentes a su naturaleza cósmica.

NECHRO NINJA…:

NOMBRE VERDADERO…: Ninguno.

ESTADO CIVIL…: Inaplicable.

SITUACIÓN LEGAL…: Inaplicable. Fallecido.

OCUPACIÓN…: Falso defensor de la Justicia.

OTROS ALIAS…: Takeo Mishashi…???

IDENTIDAD…: Secreta.

ESPECIE/CLASE…: Criatura creada en laboratorio.

STATUS…: Villano reconvertido en aliado.

FAMILIA CONOCIDA…: Helmut Kluger, creador.

LUGAR DE NACIMIENTO…: Metro City.

1ª APARICIÓN…: METRO CITY; ARCHIVOS SECRETOS.

GRUPO AFILIACIÓN…: El falso Justice Commando.

BASE HABITUAL DE OPERACIONES…: Metro City en el pasado.

ALTURA…: 1'80 mts.

PESO…: 75 kgs.

PELO…: Negro.

OJOS…: Marrones.

PIEL…: Caucásica pálida.

RASGOS DISTINTIVOS…: Ninguno.

PODERES SOBREHUMANOS CONOCIDOS…: Nechro Ninja era un consumado experto en artes marciales, sobre todo el Ninjitsu, y en el manejo de la katana.

ORIGEN DE LOS PODERES…: Experimentos genéticos.

CAUSA DE LA MUERTE...: Fue víctima de una extraña enfermedad que solo afectaba a los cuatro clones creados por Helmut Kluger.

NICHOLAS FORBES…:

NOMBRE VERDADERO…: Nicholas Forbes.

ESTADO CIVIL…: Soltero.

SITUACIÓN LEGAL…: Ciudadano estadounidense sin antecedentes penales, recluido en una cámara de alta seguridad.

OCUPACIÓN…: Estudiar y jugar con sus amigos.

OTROS ALIAS…: Ninguno.

IDENTIDAD…: Secreta.

ESPECIE/CLASE…: Mutante.

STATUS…: No definido, secundario.

FAMILIA CONOCIDA…: Anthony y Nicole, padres.

LUGAR DE NACIMIENTO…: Metro City, California.

1ª APARICIÓN…: METRO CITY.

GRUPO AFILIACIÓN…: Ninguno.

BASE HABITUAL DE OPERACIONES…: Metro City.

ALTURA…: No revelada.

PESO…: No revelado.

PELO…: Negro, lo lleva rapado.

OJOS…: Marrones, azul chisporroteante cuando activa sus poderes.

PIEL…: Negra.

RASGOS DISTINTIVOS…: Ninguno.

PODERES SOBREHUMANOS CONOCIDOS…: El pequeño Nicholas Forbes es capaz de acumular gran cantidad de energía en su interior para luego liberarla de golpe en poderosas y destructivas explosiones con poder suficiente para arrasar con ciudades enteras.

ORIGEN DE LOS PODERES…: Mutación genética.

NIGHT DEVIL…:

NOMBRE VERDADERO…: No revelado.

ESTADO CIVIL…: No revelado.

SITUACIÓN LEGAL…: Se desconocía su nacionalidad y sus antecedentes penales, fallecido.

OCUPACIÓN…: Justiciero.

OTROS ALIAS…: Ninguno.

IDENTIDAD…: Secreta.

ESPECIE/CLASE…: Humano.

STATUS…: Héroe, aliado.

FAMILIA CONOCIDA…: Ninguna.

LUGAR DE NACIMIENTO…: No revelado.

1ª APARICIÓN…: METRO CITY: AMARGO FUTURO.

GRUPO AFILIACIÓN…: Aliado ocasional de los Metro Defenders.

BASE HABITUAL DE OPERACIONES…: Metro City en el Futuro.

ALTURA…: No revelada.

PESO…: No revelado.

PELO…: No revelado.

OJOS…: Marrones.

PIEL…: Negra.

RASGOS DISTINTIVOS…: Ninguno.

PODERES SOBREHUMANOS CONOCIDOS…: Ninguno, era buen atleta y sabía cómo usar el bastón de combate en una pelea.

ORIGEN DE LOS PODERES…: Inaplicable.

CAUSA DE LA MUERTE…: Falleció combatiendo a los villanos reclutados por el Presidente Dunne.

NIGHT HOOD…:

NOMBRE VERDADERO…: Kevin Jones.

ESTADO CIVIL…: Soltero.

SITUACIÓN LEGAL…: Ciudadano estadounidense sin antecedentes penales.

OCUPACIÓN…: Estudiante.

OTROS ALIAS…: Ninguno.

IDENTIDAD…: Secreta.

ESPECIE/CLASE…: Mutante.

STATUS…: Héroe.

FAMILIA CONOCIDA…: Adrian, padre; Cinthia, madre fallecida; Ralph y Elizabeth, abuelos.

LUGAR DE NACIMIENTO…: Metro City, California.

1ª APARICIÓN…: Como niño…: METRO CITY; como adulto…: METRO CITY: AMARGO FUTURO.

GRUPO AFILIACIÓN…: Metro Defenders.

BASE HABITUAL DE OPERACIONES…: Metro City en el presente y en el futuro.

ALTURA…: 1'85 mts.

PESO…: 80 kgs.

PELO…: Marrón.

OJOS…: Azules.

PIEL…: Caucásica.

RASGOS DISTINTIVOS…: Ninguno.

PODERES SOBREHUMANOS CONOCIDOS…: Night Hood posee fuerza sobrehumana a un nivel no determinado, pero suficiente para poner en aprietos a Ultra Justice. También es diez veces más rápido que un humano normal e invulnerable a impactos de bala de gran calibre.

ORIGEN DE LOS PODERES…: Mutación genética.

NIGHT JUSTICE…:

NOMBRE VERDADERO…: Edgar Hollman.

ESTADO CIVIL…: Soltero.

SITUACIÓN LEGAL…: Ciudadano estadounidense sin antecedentes penales,

OCUPACIÓN…: No revelada.

OTROS ALIAS…: Ninguno.

IDENTIDAD…: Secreta.

ESPECIE/CLASE…: Humano.

STATUS…: Héroe.

FAMILIA CONOCIDA…: Ninguna.

LUGAR DE NACIMIENTO…: No revelado. Presumiblemente dentro del territorio estadounidense.

1ª APARICIÓN…: METRO CITY: AMARGO FUTURO.

GRUPO AFILIACIÓN…: Metro Defenders.

BASE HABITUAL DE OPERACIONES…: Metro City en el futuro.

ALTURA…: 1'80 mts.

PESO…: No revelado.

PELO…: Negro.

OJOS…: Marrones.

PIEL…: Caucásica.

RASGOS DISTINTIVOS…: Ninguno.

PODERES SOBREHUMANOS CONOCIDOS…: Maestro en artes marciales y en otros sistemas de combate cuerpo a cuerpo. Suele llevar consigo una pistola de dardos adormecedores. Gimnasta de nivel olímpico.

ORIGEN DE LOS PODERES…: Inaplicable.

NIGHT NINJA…:

NOMBRE VERDADERO…: Takeo Mishashi.

ESTADO CIVIL…: Soltero.

SITUACIÓN LEGAL…: Ciudadano japonés americano sin antecedentes penales, legalmente fallecido.

OCUPACIÓN…: Empresario multimillonario, justiciero.

OTROS ALIAS…: Ninguno.

IDENTIDAD…: Secreta.

ESPECIE/CLASE…: Humano.

STATUS…: Héroe.

FAMILIA CONOCIDA…: Rumiko Watanabe, hija.

LUGAR DE NACIMIENTO…: Japón.

1ª APARICIÓN…: METRO CITY.

GRUPO AFILIACIÓN…: Justice Commando.

BASE HABITUAL DE OPERACIONES…: Metro City.

ALTURA…: 1'75 mts.

PESO…: 80 kgs.

PELO…: Marrón.

OJOS...: Negros.

PIEL...: Caucásica pálida.

RASGOS DISTINTIVOS...: Ninguno.

PODERES SOBREHUMANOS CONOCIDOS...: Ninguno. Era un maestro en diversas artes marciales, sobre todo ninjitsu. Y un atleta de nivel olímpico.

ORIGEN DE LOS PODERES...: Inaplicable.

CAUSA DE LA MUERTE...: Falleció víctima de la explosión de energía provocada por el pequeño Nicholas Forbes.

NIGHT SABRE…:

NOMBRE VERDADERO…: No revelado.

ESTADO CIVIL…: No revelado.

SITUACIÓN LEGAL…: Se desconoce su nacionalidad y sus antecedentes penales.

OCUPACIÓN…: Justiciero.

OTROS ALIAS…: Ninguno.

IDENTIDAD…: Secreta.

ESPECIE/CLASE…: Humano.

STATUS…: Héroe, aliado, secundario.

FAMILIA CONOCIDA…: Ninguna.

LUGAR DE NACIMIENTO…: No revelado.

1ª APARICIÓN…: METRO CITY: ARCHIVOS SECRETOS.

GRUPO AFILIACIÓN…: Ninguno.

BASE HABITUAL DE OPERACIONES…: New York City en el pasado.

ALTURA…: No revelada.

PESO…: No revelado.

PELO…: Rubio.

OJOS…: Azules.

PIEL…: Caucásica.

RASGOS DISTINTIVOS…: Ninguno.

PODERES SOBREHUMANOS CONOCIDOS…: Ninguno. Experto espadachín y luchador bastante decente con los puños.

ORIGEN DE LOS PODERES…: Inaplicable.

NIGHT WARRIOR…:

NOMBRE VERDADERO…: No revelado.

ESTADO CIVIL…: No revelado.

SITUACIÓN LEGAL…: No revelada.

OCUPACIÓN…: Justiciero.

OTROS ALIAS…: Ninguno.

IDENTIDAD…: Secreta.

ESPECIE/CLASE…: Humano.

STATUS…: Héroe, aliado, secundario.

FAMILIA CONOCIDA…: Ninguna.

LUGAR DE NACIMIENTO…: No revelado.

1ª APARICIÓN…: METRO CITY: AMARGO FUTURO.

GRUPO AFILIACIÓN…: Aliado de los Metro Defenders.

BASE HABITUAL DE OPERACIONES…: Metro City en el futuro.

ALTURA…: No revelada.

PESO…: No revelado.

PELO…: No revelado.

OJOS…: Marrones.

PIEL…: Caucásica.

RASGOS DISTINTIVOS…: Ninguno.

PODERES SOBREHUMANOS CONOCIDOS…: Ninguno. Su capa le permite fundirse con las sombras y la oscuridad y viajar a través de ellas.

ORIGEN DE LOS PODERES…: Inaplicable.

NIKTO...:

NOMBRE VERDADERO...: Nikto.

ESTADO CIVIL...: Inaplicable.

SITUACIÓN LEGAL...: Inaplicable.

OCUPACIÓN...: Mensajero de la Destrucción.

OTROS ALIAS...: Ninguno.

IDENTIDAD...: Secreta.

ESPECIE/CLASE...: Alienígena de origen no revelado.

STATUS...: No definido. Posiblemente villano.

FAMILIA CONOCIDA...: Barada y Klaatu, hermanos.

LUGAR DE NACIMIENTO...: No revelado.

1ª APARICIÓN...: METRO CITY: ARCHIVOS SECRETOS.

GRUPO AFILIACIÓN...: Forma trío con sus dos hermanos.

BASE HABITUAL DE OPERACIONES...: Móvil por todo el Universo.

ALTURA...: No revelada.

PESO...: No revelado.

PELO...: Ninguno.

OJOS…: Blancos sin pupilas.

PIEL…: Pálida.

RASGOS DISTINTIVOS…: Presenta rasgos cadavéricos.

PODERES SOBREHUMANOS CONOCIDOS…: Al igual que sus hermanos, es capaz de manipular la energía a muchos niveles y para muy diversos fines. Así mismo se le presuponen grandes poderes de regeneración y una vida que tal vez se pueda medir en millones de años.

ORIGEN DE LOS PODERES…: No revelado.

NOCHNOI BOR...:

NOMBRE VERDADERO...: Tatyana, apellido no revelado.

ESTADO CIVIL...: No revelado.

SITUACIÓN LEGAL...: Ciudadana rusa con antecedentes penales, legalmente fallecida.

OCUPACIÓN...: Ladrona, criminal.

OTROS ALIAS...: Ladrona Nocturna, la traducción de su nombre de batalla.

IDENTIDAD...: Secreta.

ESPECIE/CLASE...: Humana.

STATUS...: Villana.

FAMILIA CONOCIDA...: Ninguna.

LUGAR DE NACIMIENTO...: No revelado, presumiblemente dentro de territorio ruso.

1ª APARICIÓN...: METRO CITY: ARCHIVOS SECRETOS.

GRUPO AFILIACIÓN...: Formaba trío con los hermanos Boris y Sergei.

BASE HABITUAL DE OPERACIONES...: Metro City en el pasado.

ALTURA...: No revelada.

PESO…: No revelado.

PELO…: Rubio.

OJOS…: Azules.

PIEL…: Caucásica.

RASGOS DISTINTIVOS…: Ninguno.

PODERES SOBREHUMANOS CONOCIDOS…: Ninguno. Era buena en su oficio de ladrona y sabía cómo usar un cuchillo para a atacar.

ORIGEN DE LOS PODERES…: Inaplicable.

CAUSA DE LA MUERTE…: Murió asesinada por Mister Satanus.

POPCORN…:

NOMBRE VERDADERO…: No revelado.

ESTADO CIVIL…: No revelado.

SITUACIÓN LEGAL…: No revelada. Se desconocía su nacionalidad y si tenía antecedentes penales. Fallecida.

OCUPACIÓN…: Aventurera, justiciera.

OTROS ALIAS…: Ninguno.

IDENTIDAD…: Secreta.

ESPECIE/CLASE…: Mutante.

STATUS…: Heroína.

FAMILIA CONOCIDA…: Ninguna.

LUGAR DE NACIMIENTO…: No revelado.

1ª APARICIÓN…: METRO CITY: AMARGO FUTURO.

GRUPO AFILIACIÓN…: Metro Defenders.

BASE HABITUAL DE OPERACIONES…: Metro City en el futuro.

ALTURA…: No revelada.

PESO…: No revelado.

PELO…: Pelirrojo.

OJOS…: Marrones.

PIEL…: Mulata.

RASGOS DISTINTIVOS…: Ninguno.

PODERES SOBREHUMANOS CONOCIDOS…: Popcorn era una mutante piroquinética con el poder de crear y controlar fuego y llamas, siendo asimismo inmune al calor.

ORIGEN DE LOS PODERES…: Mutación genética.

CAUSA DE LA MUERTE…: Falleció a manos del brutal asesino conocido como Nash.

PRESIDENTE DUNNE…:

NOMBRE VERDADERO…: Albert Dunne.

ESTADO CIVIL…: Casado.

SITUACIÓN LEGAL…: Ciudadano estadounidense sin antecedentes penales, legalmente fallecido.

OCUPACIÓN…: Presidente de los Estados Unidos de América.

OTROS ALIAS…: Ninguno.

IDENTIDAD…: Públicamente conocida.

ESPECIE/CLASE…: Humano.

STATUS…: Villano.

FAMILIA CONOCIDA…: Martha, viuda; Andrea y Lindsay, hijas.

LUGAR DE NACIMIENTO…: No revelado. Presumiblemente dentro del territorio estadounidense.

1ª APARICIÓN…: METRO CITY: AMARGO FUTURO.

GRUPO AFILIACIÓN…: Ninguno.

BASE HABITUAL DE OPERACIONES…: Metro City en el futuro.

ALTURA…: No revelada.

PESO…: No revelado.

PELO…: Gris.

OJOS…: Azules.

PIEL…: Caucásica.

RASGOS DISTINTIVOS…: Ninguno.

PODERES SOBREHUMANOS CONOCIDOS…: Ninguno. Era un hombre cruel y despiadado que no dudaba en usar sus grandes influencias políticas para llevar a cabo sus malévolos planes.

ORIGEN DE LOS PODERES…: Inaplicable.

CAUSA DE LA MUERTE...: Fue apaleado y golpeado hasta la muerte por un grupo de vagabundos.

PURPLE…:

NOMBRE VERDADERO…: Andrea Dunne.

ESTADO CIVIL…: Soltera.

SITUACIÓN LEGAL…: Ciudadana estadounidense sin antecedentes penales.

OCUPACIÓN…: Estudiante.

OTROS ALIAS…: Ninguno.

IDENTIDAD…: Secreta.

ESPECIE/CLASE…: Humana.

STATUS…: Heroína.

FAMILIA CONOCIDA…: Albert, padre fallecido; Martha, madre; Lindsay, hermana.

LUGAR DE NACIMIENTO…: No revelado. Presumiblemente dentro del territorio estadounidense.

1ª APARICIÓN…: METRO CITY: AMARGO FUTURO.

GRUPO AFILIACIÓN…: Metro Defenders.

BASE HABITUAL DE OPERACIONES…: Metro City en el futuro.

ALTURA…: No revelada.

PESO…: No revelado.

PELO…: Marrón rojizo.

OJOS…: Verdes.

PIEL…: Caucásica.

RASGOS DISTINTIVOS…: Ninguno.

PODERES SOBREHUMANOS CONOCIDOS…:
Ninguno. Es una experta en aikido y kick-boxing y
una maestra en el uso del bastón del combate
ORIGEN DE LOS PODERES…: Inaplicable.

RALPH JONES...:

NOMBRE VERDADERO...: Ralph Jones.

ESTADO CIVIL...: Casado.

SITUACIÓN LEGAL...: Ciudadano estadounidense sin antecedentes penales.

OCUPACIÓN...: Dueño de un taller mecánico.

OTROS ALIAS...: Ninguno.

IDENTIDAD...: Públicamente conocida.

ESPECIE/CLASE...: Humano.

STATUS...: Aliado, secundario.

FAMILIA CONOCIDA...: Elizabeth, esposa, Adrian, hijo; Kevin, nieto; Cinthia, nuera fallecida.

LUGAR DE NACIMIENTO...: No revelado. Presumiblemente dentro del territorio estadounidense.

1ª APARICIÓN...: METRO CITY: ARCHIVOS SECRETOS.

GRUPO AFILIACIÓN...: Ninguno.

BASE HABITUAL DE OPERACIONES...: Metro City en el pasado.

ALTURA...: No revelada.

PESO...: No revelado.

PELO…: Marrón.

OJOS…: Azules.

PIEL…: Caucásica.

RASGOS DISTINTIVOS…: Ninguno.

PODERES SOBREHUMANOS CONOCIDOS…: Ninguno. Es un buen hombre que intentó ayudar a su hijo en sus comienzos como héroe enmascarado.

ORIGEN DE LOS PODERES…: Inaplicable.

REY NORATH…:

NOMBRE VERDADERO…: Norath.

ESTADO CIVIL…: Viudo.

SITUACIÓN LEGAL…: Ciudadano randrathiano sin antecedentes penales.

OCUPACIÓN…: Gobernante.

OTROS ALIAS…: Ninguno.

IDENTIDAD…: Públicamente conocida en Randrath.

ESPECIE/CLASE…: Humanoide interdimensional.

STATUS…: Aliado, secundario.

FAMILIA CONOCIDA…: Esposa e hijo de nombres no revelado, fallecidos; Yovanna, hija adoptiva.

LUGAR DE NACIMIENTO…: La dimensión de Randrath.

1ª APARICIÓN…: METRO CITY: ARCHIVOS SECRETOS.

GRUPO AFILIACIÓN…: Ninguno.

BASE HABITUAL DE OPERACIONES…: La dimensión de Randrath.

ALTURA…: No revelada.

PESO…: No revelado.

PELO…: Blanco.

OJOS…: Azules.

PIEL…: Caucásica.

RASGOS DISTINTIVOS…: Ninguno.

PODERES SOBREHUMANOS CONOCIDOS…: Ninguno. Está ampliamente versado en asuntos militares y de estado.

ORIGEN DE LOS PODERES…: Inaplicable.

ROONEY…:

NOMBRE VERDADERO…: Se desconoce su nombre de pila.

ESTADO CIVIL…: No revelado.

SITUACIÓN LEGAL…: Ciudadano estadounidense con antecedentes penales, legalmente fallecido.

OCUPACIÓN…: No revelado.

OTROS ALIAS…: Ninguno.

IDENTIDAD…: Públicamente conocida.

ESPECIE/CLASE…: Cyborg humano.

STATUS…: Secundario, traidor.

FAMILIA CONOCIDA…: Ninguna.

LUGAR DE NACIMIENTO…: No revelado. Presumiblemente dentro del territorio estadounidense.

1ª APARICIÓN…: METRO CITY: ARCHIVOS SECRETOS.

GRUPO AFILIACIÓN…: Trabajaba para el Presidente Techno-Maniac.

BASE HABITUAL DE OPERACIONES…: La ciudad de New York en el siglo XXV.

ALTURA…: No revelada.

PESO…: No revelado.

PELO…: Negro.

OJOS…: Negros.

PIEL…: Caucásica.

RASGOS DISTINTIVOS…: Su mano derecha era biónica.

PODERES SOBREHUMANOS CONOCIDOS…: Ninguno. Era un tipo ruin, zafio y traicionero.

ORIGEN DE LOS PODERES…: Inaplicable.

CAUSA DE LA MUERTE…: Murió a manos de Hard Jacket, que le voló la cabeza de un disparo.

SACRE COEUR…:

NOMBRE VERDADERO…: No revelado.

ESTADO CIVIL…: No revelado.

SITUACIÓN LEGAL…: Ciudadana francesa sin antecedentes penales.

OCUPACIÓN…: Agente gubernamental.

OTROS ALIAS…: Ninguno.

IDENTIDAD…: Secreta.

ESPECIE/CLASE…: Humana mutada.

STATUS…: Heroína, aliada, secundaria.

FAMILIA CONOCIDA…: Ninguna.

LUGAR DE NACIMIENTO…: No revelado. Presumiblemente dentro del territorio francés

1ª APARICIÓN…: Como adolescente…: METRO CITY; como adulta…: METRO CITY: AMARGO FUTURO.

GRUPO AFILIACIÓN…: Trabaja para el Gobierno y el Ejército francés.

BASE HABITUAL DE OPERACIONES…: Francia.

ALTURA…: 1'70 mts.

PESO…: 45 kgs.

PELO…: Marrón.

OJOS…: Verdes.

PIEL…: Caucásica.

RASGOS DISTINTIVOS…: Ninguno.

PODERES SOBREHUMANOS CONOCIDOS…:
Sacre Coeur posee velocidad y reflejos
sobrehumanos y la capacidad de proyectar ráfagas
de energía a través de sus manos.

ORIGEN DE LOS PODERES…: Experimentos
con drogas y energías de origen no definido.

SAMUEL CALLERY…:

NOMBRE VERDADERO…: Samuel Callery.

ESTADO CIVIL…: No revelado.

SITUACIÓN LEGAL…: Ciudadano estadounidense sin antecedentes penales.

OCUPACIÓN…: Redactor Jefe de un periódico.

OTROS ALIAS…: Ninguno.

IDENTIDAD…: Públicamente conocida.

ESPECIE/CLASE…: Humano.

STATUS…: No definido, secundario.

FAMILIA CONOCIDA…: Ninguna.

LUGAR DE NACIMIENTO…: No revelado. Presumiblemente dentro del territorio estadounidense.

1ª APARICIÓN…: METRO CITY: AMARGO FUTURO.

GRUPO AFILIACIÓN…: Ninguno.

BASE HABITUAL DE OPERACIONES…: Metro City en el futuro.

ALTURA…: No revelada.

PESO…: No revelado.

PELO…: Blanco.

OJOS…: Grises.

PIEL…: Negra.

RASGOS DISTINTIVOS…: Ninguno.

PODERES SOBREHUMANOS CONOCIDOS…: Ninguno. Es un Redactor Jefe exigente pero justo para con sus reporteros y columnistas.

ORIGEN DE LOS PODERES…: Inaplicable.

SERGEI…:

NOMBRE VERDADERO…: Sergei, apellido no revelado.

ESTADO CIVIL…: No revelado.

SITUACIÓN LEGAL…: Ciudadano ruso presumiblemente con antecedentes penales, fallecido.

OCUPACIÓN…: Criminal.

OTROS ALIAS…: Ninguno.

IDENTIDAD…: Secreta.

ESPECIE/CLASE…: Humano mutado.

STATUS…: Villano.

FAMILIA CONOCIDA…: Boris, hermano gemelo fallecido.

LUGAR DE NACIMIENTO…: No revelado, presumiblemente dentro de territorio ruso.

1ª APARICIÓN…: METRO CITY: ARCHIVOS SECRETOS.

GRUPO AFILIACIÓN…: Formaba trío con su hermano Boris y la ladrona rusa llamada Nochnoi Bor.

BASE HABITUAL DE OPERACIONES…: Metro

City en el pasado.

ALTURA…: No revelada.

PESO…: No revelado.

PELO…: Negro.

OJOS…: Marrones.

PIEL…: Caucásica.

RASGOS DISTINTIVOS…: Ninguno.

PODERES SOBREHUMANOS CONOCIDOS…: Sergei era un supervelocista lo bastante rápido como para competir con Speed Dagger.

ORIGEN DE LOS PODERES…: Concedidos por Mister Satanus.

CAUSA DE LA MUERTE…: Falleció asesinado por Mister Satanus.

SISTER BLUE…:

NOMBRE VERDADERO…: No revelado.

ESTADO CIVIL…: No revelado.

SITUACIÓN LEGAL…: Se desconoce su nacionalidad de origen. Tiene antecedentes penales en los Estados Unidos de Norteamérica.

OCUPACIÓN…: Asesina, aspirante a conquistadora.

OTROS ALIAS…: Ninguno.

IDENTIDAD…: Secreta.

ESPECIE/CLASE…: No revelado.

STATUS…: Villana.

FAMILIA CONOCIDA…: Sister Green y Sister Red, hermanas.

LUGAR DE NACIMIENTO…: No revelado.

1ª APARICIÓN…: METRO CITY.

GRUPO AFILIACIÓN…: Forma equipo con sus hermanas.

BASE HABITUAL DE OPERACIONES…: New York City.

ALTURA…: No revelada.

PESO…: No revelado.

PELO…: Azul.

OJOS…: Azules.

PIEL…: Caucásica.

RASGOS DISTINTIVOS…: Ninguno.

PODERES SOBREHUMANOS CONOCIDOS…: Sister Blue controla el agua y el hielo, pudiendo formar con dichos elementos cualquier objeto que su mente pueda concebir, o usarlos para atacar directa y letalmente a sus adversarios.

ORIGEN DE LOS PODERES…: No revelado.

SISTER GREEN…:

NOMBRE VERDADERO…: No revelado.

ESTADO CIVIL…: No revelado.

SITUACIÓN LEGAL…: Se desconoce su nacionalidad de origen. Tiene antecedentes penales en los Estados Unidos de Norteamérica.

OCUPACIÓN…: Asesina, aspirante a conquistadora.

OTROS ALIAS…: Ninguno.

IDENTIDAD…: Secreta.

ESPECIE/CLASE…: No revelado.

STATUS…: Villana.

FAMILIA CONOCIDA…: Sister Blue y Sister Red, hermanas.

LUGAR DE NACIMIENTO…: No revelado.

1ª APARICIÓN…: METRO CITY.

GRUPO AFILIACIÓN…: Forma equipo con sus hermanas.

BASE HABITUAL DE OPERACIONES…: New York City.

ALTURA…: No revelada.

PESO…: No revelado.

PELO…: Verde.

OJOS…: Verdes.

PIEL…: Caucásica.

RASGOS DISTINTIVOS…: Ninguno.

PODERES SOBREHUMANOS CONOCIDOS…: Sister Green controla la vegetación, desde pequeñas briznas o finos tallos de hierba, hasta árboles enormes que obedecen sus órdenes mentales con pasmosa prontitud y celeridad.

ORIGEN DE LOS PODERES…: No revelado.

SISTER RED…:

NOMBRE VERDADERO…: No revelado.

ESTADO CIVIL…: No revelado.

SITUACIÓN LEGAL…: Se desconoce su nacionalidad de origen. Tiene antecedentes penales en los Estados Unidos de Norteamérica.

OCUPACIÓN…: Asesina, aspirante a conquistadora.

OTROS ALIAS…: Ninguno.

IDENTIDAD…: Secreta.

ESPECIE/CLASE…: No revelado.

STATUS…: Villana.

FAMILIA CONOCIDA…: Sister Blue y Sister Green, hermanas.

LUGAR DE NACIMIENTO…: No revelado.

1ª APARICIÓN…: METRO CITY.

GRUPO AFILIACIÓN…: Forma equipo con sus hermanas.

BASE HABITUAL DE OPERACIONES…: New York City.

ALTURA…: No revelada.

PESO…: No revelado.

PELO…: Rojo.

OJOS…: Rojos.

PIEL…: Caucásica.

RASGOS DISTINTIVOS…: Ninguno.

PODERES SOBREHUMANOS CONOCIDOS…: Sister Red controla el fuego y el calor, siendo capaz de alcanzar en segundos temperaturas volcánicas y de lanzar bolas de plasma incandescente de gran poder destructivo. También es inmune a dichos elementos.

ORIGEN DE LOS PODERES…: No revelado.

SOLDADOS DEL EJÉRCITO DE LA VICTORIA…:

NOMBRE VERDADERO…: Varios.

ESTADO CIVIL…: Varios.

SITUACIÓN LEGAL…: Varios, en su mayoría ciudadanos franceses con antecedentes penales.

OCUPACIÓN…: Terroristas, guerrilleros, asesinos, mercenarios.

OTROS ALIAS…: Ninguno.

IDENTIDAD…: Secreta.

ESPECIE/CLASE…: Humanos.

STATUS…: Villanos.

FAMILIA CONOCIDA…: Ninguna.

LUGAR DE NACIMIENTO…: No revelado.

1ª APARICIÓN…: METRO CITY.

GRUPO AFILIACIÓN…: El Ejército de la Victoria.

BASE HABITUAL DE OPERACIONES…: Móvil por todo el territorio francés.

ALTURA…: Variable.

PESO…: Variable.

PELO…: Variable.

OJOS…: Variables.

PIEL…: Variable.

RASGOS DISTINTIVOS…: Variable.

PODERES SOBREHUMANOS CONOCIDOS…: Ninguno. Entrenamiento exhaustivo en técnicas de guerrilla y en colocación de explosivos y manejo de armas de fuego.

ORIGEN DE LOS PODERES…: Inaplicable.

SPEED DAGGER…:

NOMBRE VERDADERO…: Timothy Shelby.

ESTADO CIVIL…: Soltero.

SITUACIÓN LEGAL…: Ciudadano estadounidense sin antecedentes penales, legalmente fallecido.

OCUPACIÓN…: Periodista.

OTROS ALIAS…: Ninguno.

IDENTIDAD…: Secreta.

ESPECIE/CLASE…: Humano mutado.

STATUS…: Héroe.

FAMILIA CONOCIDA…: Ninguna.

LUGAR DE NACIMIENTO…: No revelado. Presumiblemente dentro del territorio estadounidense.

1ª APARICIÓN…: METRO CITY.

GRUPO AFILIACIÓN…: Justice Commando.

BASE HABITUAL DE OPERACIONES…: Metro City.

ALTURA…: 1'80 mts.

PESO…: No revelado.

PELO…: Rubio.

OJOS…: Azules.

PIEL…: Caucásica.

RASGOS DISTINTIVOS…: Ninguno.

PODERES SOBREHUMANOS CONOCIDOS…: Speed Dagger era un supervelocista capaz de moverse casi tan rápido como la luz. Había adaptado sus métodos de lucha a la supervelocidad y era capaz de vibrar a través de objetos sólidos.

ORIGEN DE LOS PODERES…: No revelado.

CAUSA DE LA MUERTE…: Falleció calcinado al intentar detener la onda de energía creada por el niño Nicholas Forbes.

SPEED DEATH…:

NOMBRE VERDADERO…: Ninguno.

ESTADO CIVIL…: Inaplicable.

SITUACIÓN LEGAL…: Inaplicable. Fallecido.

OCUPACIÓN…: Falso defensor de la Justicia.

OTROS ALIAS…: Timothy Shelby…???

IDENTIDAD…: Secreta.

ESPECIE/CLASE…: Criatura creada en laboratorio.

STATUS…: Villano reconvertido en aliado.

FAMILIA CONOCIDA…: Helmut Kluger, creador.

LUGAR DE NACIMIENTO…: Metro City.

1ª APARICIÓN…: METRO CITY: ARCHIVOS SECRETOS.

GRUPO AFILIACIÓN…: El falso Justice Commando.

BASE HABITUAL DE OPERACIONES…: Metro City en el pasado.

ALTURA…: 1'80 mts.

PESO…: No revelado.

PELO…: Rubio.

OJOS…: Azules.

PIEL…: Caucásica.

RASGOS DISTINTIVOS…: Ninguno.

PODERES SOBREHUMANOS CONOCIDOS…: Speed Death era un supervelocista capaz de moverse casi tan rápido como la luz. Había adaptado sus métodos de lucha a la supervelocidad y era capaz de vibrar a través de objetos sólidos.

ORIGEN DE LOS PODERES…: Manipulación genética.

CAUSA DE LA MUERTE…: Fue víctima de una extraña enfermedad que solo afectaba a los cuatro clones creados por Helmut Kluger.

STAR CRUSHER…:

NOMBRE VERDADERO…: Baxor.

ESTADO CIVIL…: No revelado.

SITUACIÓN LEGAL…: Inaplicable.

OCUPACIÓN…: Destructor de estrellas.

OTROS ALIAS…: Ninguno.

IDENTIDAD…: Secreta.

ESPECIE/CLASE…: Alienígena de origen desconocido.

STATUS…: Villano.

FAMILIA CONOCIDA…: Ninguna.

LUGAR DE NACIMIENTO…: No revelado.

1ª APARICIÓN…: METRO CITY: ARCHIVOS SECRETOS.

GRUPO AFILIACIÓN…: Ninguno.

BASE HABITUAL DE OPERACIONES…: Móvil por todo el Universo.

ALTURA…: No revelada.

PESO…: No revelado.

PELO…: Ninguno.

OJOS…: Dorados.

PIEL…: Metálica dorada.

RASGOS DISTINTIVOS…: Una estrella azul en el torso.

PODERES SOBREHUMANOS CONOCIDOS…: Star Crusher es un ente alienígena sumamente poderoso, aunque sin duda su mayor habilidad sobrehumana consiste en su capacidad para absorber la energía de las estrellas y los soles hasta consumirlos por completo.

ORIGEN DE LOS PODERES…: No revelado.

STELLA…:

NOMBRE VERDADERO…: Stella, apellido no revelado.

ESTADO CIVIL…: No revelado.

SITUACIÓN LEGAL…: Ciudadana estadounidense sin antecedentes penales.

OCUPACIÓN…: Secretaria.

OTROS ALIAS…: Ninguno.

IDENTIDAD…: Públicamente conocida.

ESPECIE/CLASE…: Humana.

STATUS…: No definido, secundaria.

FAMILIA CONOCIDA…: Ninguna.

LUGAR DE NACIMIENTO…: No revelado. Presumiblemente dentro del territorio estadounidense.

1ª APARICIÓN…: METRO CITY.

GRUPO AFILIACIÓN…: Ninguno.

BASE HABITUAL DE OPERACIONES…: Metro City.

ALTURA…: No revelada.

PESO…: No revelado.

PELO…: Rubio.

OJOS…: Azules.

PIEL…: Caucásica.

RASGOS DISTINTIVOS…: Ninguno.

PODERES SOBREHUMANOS CONOCIDOS…: Ninguno. Es una secretaria y contable la mar de eficiente y entregada a su trabajo.

ORIGEN DE LOS PODERES…: Inaplicable.

STRESS KILL…:

NOMBRE VERDADERO…: No revelado.

ESTADO CIVIL…: Inaplicable.

SITUACIÓN LEGAL…: Inaplicable.

OCUPACIÓN…: Asesino de masas, corruptor de la Humanidad.

OTROS ALIAS…: Ninguno.

IDENTIDAD…: Secreta. El público en general ignora su existencia.

ESPECIE/CLASE…: Demonio.

STATUS…: Villano.

FAMILIA CONOCIDA…: Thetramonn, creador.

LUGAR DE NACIMIENTO…: El Averno.

1ª APARICIÓN…: METRO CITY.

GRUPO AFILIACIÓN…: Ninguno.

BASE HABITUAL DE OPERACIONES…: Móvil entre el Infierno y la Tierra.

ALTURA…: No revelada.

PESO…: No revelado.

PELO…: Ninguno.

OJOS…: Amarillos sin pupilas.

PIEL…: Roja.

RASGOS DISTINTIVOS...: Alas membranosas naciendo de su espalda, un par de cuernos en la frente, una cola terminada en punta, y carece de apéndice nasal.

PODERES SOBREHUMANOS CONOCIDOS...: Stress Kill es más fuerte que un humano normal y es capaz de alzar unas 100 toneladas. Sus alas le permiten volar y conoce algún que otro hechizo de magia negra de bajo nivel. En adición a esto y como demonio, es bastante difícil de herir o de matar por medios convencionales.

ORIGEN DE LOS PODERES...: Su naturaleza diabólica.

TECHNO-MANIAC…:

NOMBRE VERDADERO…: No revelado.

ESTADO CIVIL…: No revelado.

SITUACIÓN LEGAL…: Se desconoce su nacionalidad de nacimiento, legalmente fallecido.

OCUPACIÓN…: Dictador, tirano, asesino.

OTROS ALIAS…: Ninguno.

IDENTIDAD…: Públicamente conocida.

ESPECIE/CLASE…: Cyborg humano.

STATUS…: Villano.

FAMILIA CONOCIDA…: Ninguna.

LUGAR DE NACIMIENTO…: No revelado.

1ª APARICIÓN…: METRO CITY: ARCHIVOS SECRETOS.

GRUPO AFILIACIÓN…: Ninguno.

BASE HABITUAL DE OPERACIONES…: La Casa Blanca en el siglo XXV.

ALTURA…: No revelada.

PESO…: No revelado.

PELO…: Ninguno.

OJOS…: Uno Azul y el otro electrónico.

PIEL…: Caucásica.

RASGOS DISTINTIVOS...: La parte superior de su cabeza, su torso y su brazo y pierna derechos eran robóticos.

PODERES SOBREHUMANOS CONOCIDOS...: Sus partes biónicas le conferían fuerza sobrehumana para alzar unas 10 toneladas y resistencia a impactos de bala de gran calibre. Su ojo cibernético le permitía disparar ráfagas de energía capaces de volatilizar un coche de gran tamaño.

ORIGEN DE LOS PODERES...: Organismo cibernético.

CAUSA DE LA MUERTE...: Murió a manos de Speed Dagger.

TENIENTE O'GRADY…:

NOMBRE VERDADERO…: John O'Grady.

ESTADO CIVIL…: No revelado.

SITUACIÓN LEGAL…: Ciudadano estadounidense sin antecedente penales.

OCUPACIÓN…: Teniente de Policía.

OTROS ALIAS…: Ninguno.

IDENTIDAD…: Públicamente conocida.

ESPECIE/CLASE…: Humano.

STATUS…: Aliado reticente, secundario.

FAMILIA CONOCIDA…: Ninguna.

LUGAR DE NACIMIENTO…: No revelado. Presumiblemente dentro del territorio estadounidense.

1ª APARICIÓN…: METRO CITY

GRUPO AFILIACIÓN…: Departamento de Policía de Metro City.

BASE HABITUAL DE OPERACIONES…: Metro City.

ALTURA…: No revelada.

PESO…: No revelado.

PELO…: Negro.

OJOS…: Marrones.

PIEL…: Caucásica.

RASGOS DISTINTIVOS…: Ninguno.

PODERES SOBREHUMANOS CONOCIDOS…: Ninguno. Es un buen Oficial de Policía que, por motivos desconocidos, detesta a los héroes enmascarados y procura hacer todo lo posible por desprestigiarlos.

ORIGEN DE LOS PODERES…: Inaplicable.

TEXAS BILL…:

NOMBRE VERDADERO…: Ninguno.

ESTADO CIVIL…: Inaplicable.

SITUACIÓN LEGAL…: Inaplicable.

OCUPACIÓN…: Criminal, atracador de bancos.

OTROS ALIAS…: Ninguno.

IDENTIDAD…: Públicamente conocida.

ESPECIE/CLASE…: Robot, androide.

STATUS…: Villano.

FAMILIA CONOCIDA…: Ninguna.

LUGAR DE NACIMIENTO…: No revelado.

1ª APARICIÓN…: METRO CITY.

GRUPO AFILIACIÓN…: Formaba pareja criminal con Cowboy Jack.

BASE HABITUAL DE OPERACIONES…: Metro City.

ALTURA…: No revelada.

PESO…: No revelado.

PELO…: Gris.

OJOS…: Negros.

PIEL…: Sintética caucásica.

RASGOS DISTINTIVOS…: Ninguno.

PODERES SOBREHUMANOS CONOCIDOS...:
Texas Bill posee fuerza sobrehumana para alzar
unas 100 toneladas, y su cuerpo robótico le
confiere un nivel superior de resistencia al daño
físico convencional. Excelente puntería con su rifle
Winchester.
ORIGEN DE LOS PODERES...: Su naturaleza
robótica.

THAVIN…:

NOMBRE VERDADERO…: Thavin.

ESTADO CIVIL…: Soltero.

SITUACIÓN LEGAL…: Ciudadano del Reino de Randrath sin antecedentes penales.

OCUPACIÓN…: Ninguna.

OTROS ALIAS…: Ninguno.

IDENTIDAD…: Públicamente conocida en Randrath.

ESPECIE/CLASE…: Humanoide interdimensional.

STATUS…: No definido, secundario.

FAMILIA CONOCIDA…: Yovanna, hermana; Dormah, madre adoptiva fallecida.

LUGAR DE NACIMIENTO…: Randrath.

1ª APARICIÓN…: METRO CITY: ARCHIVOS SECRETOS.

GRUPO AFILIACIÓN…: Ninguno.

BASE HABITUAL DE OPERACIONES…: La dimensión de Randrath.

ALTURA…: No revelada.

PESO…: No revelado.

PELO…: Negro.

OJOS…: Marrones.

PIEL…: Caucásica.

RASGOS DISTINTIVOS…: Ninguno.

PODERES SOBREHUMANOS CONOCIDOS…: Ninguno. Sabe cómo manejar una espada y es un experto jinete de hipodracos.

ORIGEN DE LOS PODERES…: Inaplicable.

THETRAMONN…:

NOMBRE VERDADERO…: Thetramonn.

ESTADO CIVIL…: Inaplicable.

SITUACIÓN LEGAL…: Inaplicable.

OCUPACIÓN…: Destructor de la Humanidad.

OTROS ALIAS…: El Destructor de dioses.

IDENTIDAD…: Secreta, el público en general ignora su existencia.

ESPECIE/CLASE…: Demonio de primer nivel.

STATUS…: Villano.

FAMILIA CONOCIDA…: Stress Kill, creación.

LUGAR DE NACIMIENTO…: Algún rincón del Averno.

1ª APARICIÓN…: METRO CITY.

GRUPO AFILIACIÓN…: Ninguno.

BASE HABITUAL DE OPERACIONES…: El Averno y Metro City.

ALTURA…: Varios cientos de metros.

PESO…: No revelado.

PELO…: Ninguno.

OJOS…: Negros sin pupilas.

PIEL…: Roja.

RASGOS DISTINTIVOS...: Grandes orejas puntiagudas y colmillos inferiores sobresaliendo de la boca.

PODERES SOBREHUMANOS CONOCIDOS...: Thetramonn es un Demonio de gran poder, capaz de crear a otros demonios de categoría inferior y de dotarlos de ciertos poderes. Aparte de esto, también es inmortal o al menos muy difícil de matar o de destruir.

ORIGEN DE LOS PODERES...: Su naturaleza diabólica.

THIGONA LA BRUJA...:

NOMBRE VERDADERO...: Thigona.

ESTADO CIVIL...: No revelado.

SITUACIÓN LEGAL...: No revelada.

OCUPACIÓN...: Lugarteniente del Demonio Thetramonn.

OTROS ALIAS...: Ninguno.

IDENTIDAD...: Secreta.

ESPECIE/CLASE...: Bruja.

STATUS...: Villana.

FAMILIA CONOCIDA...: Ninguna.

LUGAR DE NACIMIENTO...: No revelado.

1ª APARICIÓN...: METRO CITY.

GRUPO AFILIACIÓN...: Ninguno.

BASE HABITUAL DE OPERACIONES...: Metro City.

ALTURA...: No revelada.

PESO...: No revelado.

PELO...: Negro.

OJOS...: Blancos sin pupilas.

PIEL...: Blanca.

RASGOS DISTINTIVOS...: Ninguno.

PODERES SOBREHUMANOS CONOCIDOS...: Thigona era una bruja sumamente poderosa, capaz entre otras cosas de obnubilar y de subyugar a las personas de mente débil, sobre todo a los hombres. También es capaz de formular y lanzar potentes hechizos de gran poder destructivo.

ORIGEN DE LOS PODERES...: Otorgados por el Demonio Thetramonn.

CAUSA DE LA MUERTE...: Murió a manos de Witchcraft.

TOP HAT…:

NOMBRE VERDADERO…: Quentin Hobbs.

ESTADO CIVIL…: No revelado.

SITUACIÓN LEGAL…: Ciudadano estadounidense con antecedentes penales, legalmente fallecido.

OCUPACIÓN…: Criminal.

OTROS ALIAS…: Ninguno.

IDENTIDAD…: Secreta, solo conocida por las Autoridades.

ESPECIE/CLASE…: Humano.

STATUS…: Villano.

FAMILIA CONOCIDA…: Ninguna.

LUGAR DE NACIMIENTO…: No revelado. Presumiblemente dentro del territorio estadounidense.

1ª APARICIÓN…: METRO CITY: ARCHIVOS SECRETOS.

GRUPO AFILIACIÓN…: Ninguno.

BASE HABITUAL DE OPERACIONES…: Metro City en el pasado.

ALTURA…: No revelada.

PESO…: No revelado.

PELO…: Negro.

OJOS…: Azules.

PIEL…: Caucásica.

RASGOS DISTINTIVOS…: Ninguno.

PODERES SOBREHUMANOS CONOCIDOS…: Ninguno. Su genio inventivo le permitió crear una serie de armas y artilugios para cometer sus crímenes basados en chisteras y sombreros de copa.

ORIGEN DE LOS PODERES…: Inaplicable.

CAUSA DE LA MUERTE...: Falleció al precipitarse al vacío junto con su aparato volador en forma de sombrero de copa desde una altura de más de veinte metros.

ÚLTIMA-X…:

NOMBRE VERDADERO…: No revelado.

ESTADO CIVIL…: No revelado.

SITUACIÓN LEGAL…: Ciudadana exatroniana con antecedentes penales.

OCUPACIÓN…: Criminal, fugitiva.

OTROS ALIAS…: Ninguno.

IDENTIDAD…: Públicamente conocida en multitud de planetas del Universo.

ESPECIE/CLASE…: Alienígena exatroniana.

STATUS…: Falsa aliada, villana.

FAMILIA CONOCIDA…: Ninguna.

LUGAR DE NACIMIENTO…: El planeta Exatrón.

1ª APARICIÓN…: METRO CITY: ARCHIVOS SECRETOS.

GRUPO AFILIACIÓN…: Ninguno.

BASE HABITUAL DE OPERACIONES…: Móvil por todo el Universo, Metro City en el pasado.

ALTURA…: No revelada.

PESO…: No revelado.

PELO…: Ninguno.

OJOS…: Negros.

PIEL…: Caucásica.

RASGOS DISTINTIVOS…: Su rostro semeja un cráneo humano.

PODERES SOBREHUMANOS CONOCIDOS…: La exatroniana conocida como Última-X posee poderes de absorción de energía vital y capacidad para desplazarse por el Cosmos a velocidades astronómicas.

ORIGEN DE LOS PODERES…: No revelado.

ÚLTIMO-X…:

NOMBRE VERDADERO…: No revelado.

ESTADO CIVIL…: No revelado.

SITUACIÓN LEGAL…: Ciudadano exatroniano con antecedentes penales.

OCUPACIÓN…: Criminal, fugitiva.

OTROS ALIAS…: Ninguno.

IDENTIDAD…: Públicamente conocida en multitud de planetas del Universo.

ESPECIE/CLASE…: Alienígena exatroniano.

STATUS…: Falso aliado0, villano.

FAMILIA CONOCIDA…: Ninguna.

LUGAR DE NACIMIENTO…: El planeta Exatrón.

1ª APARICIÓN…: METRO CITY: ARCHIVOS SECRETOS.

GRUPO AFILIACIÓN…: Ninguno.

BASE HABITUAL DE OPERACIONES…: Móvil por todo el Universo, Metro City en el pasado.

ALTURA…: No revelada.

PESO…: No revelado.

PELO…: Ninguno.

OJOS…: Negros.

PIEL…: Caucásica.

RASGOS DISTINTIVOS…: Su rostro semeja un cráneo humano.

PODERES SOBREHUMANOS CONOCIDOS…: El exatroniano conocido como Último-X posee poderes de absorción de energía vital y capacidad para desplazarse por el Cosmos a velocidades astronómicas.

ORIGEN DE LOS PODERES…: No revelado.

ULTRA JUSTICE…:

NOMBRE VERDADERO…: Adrian Jones.

ESTADO CIVIL…: Viudo.

SITUACIÓN LEGAL…: Ciudadano estadounidense sin antecedentes penales.

OCUPACIÓN…: Programador informático.

OTROS ALIAS…: Ninguno.

IDENTIDAD…: Secreta.

ESPECIE/CLASE…: Humano mutado.

STATUS…: Héroe.

FAMILIA CONOCIDA…: Cinthia, esposa fallecida; Kevin, hijo; Ralph y Elizabeth, padres.

LUGAR DE NACIMIENTO…: Metro City, California.

1ª APARICIÓN…: METRO CITY.

GRUPO AFILIACIÓN…: Justice Commando.

BASE HABITUAL DE OPERACIONES…: Metro City.

ALTURA…: 1'90 mts.

PESO…: 95 kgs.

PELO…: Marrón.

OJOS…: Azules.

PIEL...: Caucásica.

RASGOS DISTINTIVOS...: Ninguno.

PODERES SOBREHUMANOS CONOCIDOS...: Ultra Justice posee fuerza sobrehumana suficiente para alzar unas 500.000 toneladas sin apenas esfuerzo. Es capaz de volar a velocidad supersónica, soportar el impacto directo de una bomba atómica de 1.000 gigatones y de proyectar ráfagas de energía de origen incierto, pero sumamente destructiva, a través de su mano derecha.

ORIGEN DE LOS PODERES...: Accidente de laboratorio con un acelerador de partículas ciclotrónico.

WINGED THREAT…:

NOMBRE VERDADERO…: Ninguno.

ESTADO CIVIL…: Inaplicable.

SITUACIÓN LEGAL…: Inaplicable. Fallecida.

OCUPACIÓN…: Falsa defensora de la Justicia.

OTROS ALIAS…: Randah…???

IDENTIDAD…: Secreta.

ESPECIE/CLASE…: Criatura creada en laboratorio.

STATUS…: Villana reconvertida en aliada.

FAMILIA CONOCIDA…: Helmut Kluger, creador.

LUGAR DE NACIMIENTO…: Metro City.

1ª APARICIÓN…: METRO CITY: ARCHIVOS SECRETOS.

GRUPO AFILIACIÓN…: El falso Justice Commando.

BASE HABITUAL DE OPERACIONES…: Metro City en el pasado.

ALTURA…: 1'80 mts.

PESO…: 50 kgs.

PELO…: Rubio.

OJOS…: Azules.

PIEL…: Caucásica.

RASGOS DISTINTIVOS…: Un par de alas emplumadas naciendo de su espalda.

PODERES SOBREHUMANOS CONOCIDOS…: Sus alas le permitían volar a considerable velocidad, siendo además una gran luchadora en combate aéreo o en el manejo de la espada.

ORIGEN DE LOS PODERES…: Manipulación genética.

CAUSA DE LA MUERTE…: Fue víctima de una extraña enfermedad que solo afectaba a los cuatro clones creados por Helmut Kluger.

WITCHCRAFT…:

NOMBRE VERDADERO…: Silvana.

ESTADO CIVIL…: No revelado.

SITUACIÓN LEGAL…: Ciudadana de la dimensión kaarikhiana sin antecedentes penales residiendo en la Tierra.

OCUPACIÓN…: Aventurera.

OTROS ALIAS…: Ninguno.

IDENTIDAD…: Públicamente conocida.

ESPECIE/CLASE…: Criatura humanoide interdimensional.

STATUS…: Heroína.

FAMILIA CONOCIDA…: Ninguna.

LUGAR DE NACIMIENTO…: La dimensión kaarikhiana

1ª APARICIÓN…: METRO CITY.

GRUPO AFILIACIÓN…: Justice Commando.

BASE HABITUAL DE OPERACIONES…: Metro City.

ALTURA…: No revelada.

PESO…: No revelado.

PELO…: Marrón.

OJOS…: Marrones.

PIEL…: Negra.

RASGOS DISTINTIVOS…: Ninguno.

PODERES SOBREHUMANOS CONOCIDOS…: Witchcraft es una poderosa hechicera, capaz de realizar complicados conjuros de ataque y defensa.

ORIGEN DE LOS PODERES…: Estudio de hechicería y magia.

YOVANNA…:

NOMBRE VERDADERO…: Yovanna.

ESTADO CIVIL…: Viuda.

SITUACIÓN LEGAL…: Ciudadana de Randrath sin antecedentes penales.

OCUPACIÓN…: Princesa.

OTROS ALIAS…: Ninguno.

IDENTIDAD…: Públicamente conocida en Randrath.

ESPECIE/CLASE…: Humanoide interdimensional.

STATUS…: Aliada, secundaria.

FAMILIA CONOCIDA…: Cyrus, esposo fallecido; Dormah, madre fallecida; Thavin, hermano; Norath, padre adoptivo.

LUGAR DE NACIMIENTO…: Randrath.

1ª APARICIÓN…: METRO CITY: ARCHIVOS SECRETOS.

GRUPO AFILIACIÓN…: Ninguno.

BASE HABITUAL DE OPERACIONES…: Randrath.

ALTURA…: No revelada.

PESO…: No revelado.

PELO…: Rubio.

OJOS…: Azules.

PIEL…: Caucásica.

RASGOS DISTINTIVOS…: Ninguno.

PODERES SOBREHUMANOS CONOCIDOS…: Ninguno. Es una joven sumamente decidida y valiente.

ORIGEN DE LOS PODERES…: Inaplicable.